DUALIDAD Y SENTIDO ÉTICO EN
DR. JEKYLL Y MR. HYDE

GUÍA DE LECTURA

DUALIDAD Y SENTIDO ÉTICO EN
DR. JEKYLL Y MR. HYDE
GUÍA DE LECTURA

FERNANDO ARIZA

CEU | *Ediciones*

**Dualidad y sentido ético en _Dr. Jekyll y Mr. Hyde_.
Guía de lectura**

© Fernando Ariza, 2024
© de la edición, Fundación Universitaria San Pablo CEU, 2024

CEU _Ediciones_
Julián Romea 18, 28003 Madrid
Teléfono: 91 514 05 73
Correo electrónico: ceuediciones@ceu.es
www.ceuediciones.es

ISBN: 978-84-19976-49-9
Depósito legal: M-23335-2024

Maquetación: Pedro Coronado Jiménez (CEU _Ediciones_)
Diseño de cubierta: Andrea Nieto Alonso (CEU _Ediciones_)

Impresión: Estugraf, S. L.
Impreso en España

ÍNDICE

EL AUTOR

1. VIDA Y OBRA DE STEVENSON

Robert Louis Stevenson nació el 13 de diciembre de 1850 en Edimburgo. Su nombre completo era Robert Lewis Balfour Stevenson pero en varios momentos lo fue cambiando hasta el que ahora conocemos. Nos parece que esa evolución describe muy bien el ambiente en el que se crio. Su primer nombre se debía al de su abuelo paterno, Robert Stevenson, famoso ingeniero constructor de faros, pero también se honró a la familia materna con el segundo y tercer nombre que se debían al reverendo Lewis Balfour of Colinton. Es decir, tenía ilustres ascendientes por ambos costados y su destino, por tanto, merecía ser prometedor. Pero el carácter rebelde de Stevenson no tardó en aparecer: lo primero que hizo fue abandonar, al menos en lo nominal, su conexión con la familia materna. Primero eliminó el apellido Balfour y más tarde afrancesó «Lewis» a «Louis», manteniendo la fonética inglesa con la «s» final, que en francés es muda. Del lado paterno conservó el apellido y el nombre, pero luego veremos que se alejará de todo lo asociado al mundo de la construcción de faros.

Uno de los aspectos más significativos de su infancia fue su salud frágil. Desde temprano padeció enfermedades respiratorias que derivaron en tuberculosis, una constante en su vida que condicionó muchos de sus actos. Stevenson supo aprovechar las limitaciones de una enfermedad potencialmente mortal, convirtiéndolas en fuente de inspiración personal y literaria. Debido a sus debilidad pulmonar, tuvo una educación doméstica impartida por tutores y niñeras. Fue además hijo único. La falta de actividad y de relaciones con otros niños le sirvió para desarrollar enormemente su imaginación, lo que provocaría una pronta vocación creativa. A los seis años le regalan un teatro infantil que le servirá para contar sus primeras historias. Una fuente de inspiración de esas incipientes narraciones fue la niñera Alison Cunningham («Cummy»), que se ocupará de él desde los dos años hasta la edad adulta. Cummy, estricta calvinista, le leerá la Biblia, las historias de los santos y los cuentos populares escoceses que servirán como caldo para alimentar la imaginación del joven escritor.

Como hijo único, su familia esperaba que siguiera la tradición familiar en la ingeniería de faros. En 1867, ingresó en la Universidad de Edimburgo para estudiar ingeniería, pero abandonó la carrera tras cuatro infructuosos años. Durante ese tiempo, en cambio, llevó una vida bohemia, dejándose el pelo largo y uniéndose a un grupo literario llamado «The Speculative Society». No le interesaba nada el mundo de la construcción de faros, si bien algo de la vocación familiar perduró en su conocimiento y fascinación por los viajes oceánicos, islas misteriosas y personajes marineros. De hecho, sus relatos más conocidos están asociados al mar (*La isla del tesoro* sin ir más lejos), y su vida incluyó numerosos viajes marítimos, hasta el punto de ser uno de los escritores más viajeros de su época.

Retrato en daguerrotipo de Stevenson cuando era niño.
Fotógrafo desconocido. Cortesía de la Biblioteca de Libros Raros
y Manuscritos Beinecke, Universidad de Yale.

Finalmente, en 1871, anunció a su padre que quería ser escritor, pero este, más pragmático, le convenció de que estudiara leyes. Habida cuenta de su afición a las letras, pensaron que podría labrarse un buen futuro dedicándose a la jurisprudencia o incluso a la política. Aparentemente dócil, fue en esos años cuando cambió sus apellidos, aunque culminó sus estudios en la misma Universidad de Edimburgo. En 1875 obtendrá el título de abogado, pero nunca ejercerá. Su vocación literaria ya estaba más que asentada y tras cumplir con las obligaciones familiares se dedicó en cuerpo y alma a la escritura. Antes de terminar habían aparecido sus primeras publicaciones en revistas literarias y pese a las discusiones con su padre, que aspiraba a hacer de él una persona «respetable», nunca se arrepintió de su elección. Prefería una vida socialmente cuestionable y probablemente plagada de penurias económicas que la seguridad y tranquilidad de la vida burguesa. Luego veremos que esa disyuntiva entre lo social y lo personal va a aparecer de manera muy evidente en *Dr. Jekyll y Mr. Hyde*.

Las constantes recaídas en la salud de Stevenson provocaron que viajara a lugares con climas templados para su restablecimiento. Hasta la segunda mitad del siglo xx no se descubrió la cura de la tuberculosis (un antibiótico llamado isoniacina). El único tratamiento que se consideraba viable estaba en el descanso en climas secos y templados, todo lo contrario a la Escocia en la que Stevenson vivía. Uno de sus primeros viajes fue a Grez-sur-Loing, una pequeña villa cerca de París que además de gozar de buen clima se estaba convirtiendo en un centro artístico, lo que le inspiraría para escribir las primeras páginas de *La flecha negra*. Sin embargo, su mayor descubrimiento de aquella estancia fue Fanny Van de Grift Osbourne: una mujer estadounidense diez años mayor que él, separada por las continuas infidelidades de su marido y con dos hijos. Aquel encuentro será definitivo para ambos. Ella regresa a San Francisco y Stevenson intenta seguirla, pero su familia no le da el dinero para el viaje. Tiene que trabajar durante varios años para conseguirlo. Mientras tanto, Fanny se ha divorciado. En 1880 viaja a Estados Unidos y se casan en mayo de ese año. Desde entonces, estarán juntos. Fanny no solo proporcionó apoyo emocional y estabilidad a Stevenson, sino que también jugó un papel importante en su carrera literaria, alentándolo y ayudándolo a afrontar las dificultades. Fue consejera, inspiradora e incluso coautora en un número importante de novelas.

Su novela más célebre, *La isla del tesoro*, fue fruto de la relación con el hijo de Fanny, a medio camino entre el padre y el hermano. Estaban pasando el verano de 1881 en Escocia. El tiempo fue especialmente malo y tuvieron que pasar mucho tiempo dentro de casa. Un día, Stevenson dibujó un mapa del tesoro a todo color para entretener a su hijastro Lloyd, de doce años. Señaló con una equis el lugar donde se encontraba el cofre enterrado y escribió: *La isla del tesoro.* El dibujo activó la imaginación del autor, y a medio camino entre la obra seria y el entretenimiento familiar comenzó a escribir la historia de John Long Silver y Jim Hawkins. Por las noches, leía lo que escribía durante el día y pronto se vio con la novela escrita. Al poco tiempo la publicó por fascículos en prensa y en 1883 apareció como libro. Su publicación le sirvió para comenzar a sostenerse solo, sin depender tanto de la fortuna familiar a pesar de que la relación había mejorado razonablemente con su padre y tuvo su momento de mayor cercanía cuando este le regaló una casa en Bournemouth, Inglaterra, en 1884. Será un lugar importante para el contenido de este libro, pues allí escribirá *Doctor Jekyll y Mr. Hyde,* como luego veremos.

Stevenson en 1879.

En 1887, el padre de Stevenson murió y la herencia recibida le valdría para viajar a climas definitivamente benévolos. Marcha a América y pasa un tiempo en el lago Sanarac, al norte del estado de Nueva York, un centro famoso por el tratamiento de la tuberculosis. Al poco tiempo lo abandona, va hasta California y desde allí viaja con su familia por las islas del océano Pacífico. Llegan a Samoa y deciden quedarse a vivir allí. Compran una casa en el pequeño pueblo de Vailima que se hará famosa. Desde entonces, se preocupó por la cultura local defendiéndola de los ataques de las grandes potencias occidentales que amenazaban su destrucción. Allí se establecerán y, aunque aún hará algún viaje a Australia, Stevenson abandonará su espíritu viajero, fomentado por el propio gusto y por la enfermedad que no le abandonará más.

Stevenson con un líder samoano en Vailima, entre 1889 y 1894.

Curiosamente, su muerte no fue provocada por un problema de pulmones, sino por una hemorragia cerebral que le sucederá en 1894 con cuarenta y cuatro años. En esos últimos tiempos, Stevenson se había integrado en la vida social y política de la isla. Se convirtió en una figura querida hasta el punto de que le denominaron «Tusitala», que en samoano significa «el contador de historias». Está enterrado en la cumbre del monte Vaea. En la tumba se grabó su poema «Réquiem», que dice así:

> Bajo el extenso y estrellado cielo,
> cava la fosa y déjame yacer.
> He vivido alegre y feliz muero,
> pero al caer quiero haceros un ruego.
> Poned sobre mi tumba este verso:
> «Aquí yace donde quiso yacer;
> de vuelta de la costa está el marinero,
> de vuelta del monte está el cazador».

2. ESCRITURA DE DR. JEKYLL Y MR. HYDE

Robert Louis Stevenson llevaba tiempo interesado en la idea de la dualidad de la naturaleza humana y en cómo incorporar la interacción de los conflictos personales en una historia. Cuando aún era adolescente, desarrolló un guion para una obra de teatro con el título expresivo *Diácono Brodie o la doble vida*. En esta obra, describía la historia de William Brodie, un fabricante de armarios, equivalentes a nuestras cajas fuertes actuales, que vivió en Escocia en el siglo XVIII. Brodie fue presidente de la Cámara de Comercio de Edimburgo y canciller de la ciudad. Lo que no se supo hasta más tarde fue que Brodie llevaba una vida secreta como ladrón, en parte por las dosis de adrenalina que tal actividad le producía, pero también porque le permitió amasar una fortuna. Durante el día, era un respetable hombre de negocios, miembro del Consejo Municipal y diácono (director) de la Corporación de Artesanos y Masones. Por la noche, sin embargo, se convertía en delincuente. La historia de Brodie todavía resonaba en la Escocia de Stevenson, pero probablemente lo que más impactó al joven escritor fue que en su casa había un armario construido por el propio Brodie.

El diácono Brodie no era la única figura de su entorno caracterizada por una doble vida. Otra historia que se seguía contando, entre el mito y el cuento de terror para niños, era la de Thomas Weir, una respetada figura religiosa del siglo XVII. Weir, admirado por su bondad y su celo en la defensa del calvinismo frente al catolicismo, confesó en su vejez toda una serie de crímenes de brujería, incesto y adulterio, inducidos, según él, por el propio Satanás. Tanto él como su hermana fueron condenados a muerte. Su casa en Edimburgo se mantuvo cerrada durante años, con fama de estar embrujada.

Más allá de las inspiraciones directas, la propia escritura de *El extraño caso del Dr. Jekyll y Mr. Hyde* ha dado pie a múltiples interpretaciones. A mediados de 1884, los Stevenson vivieron en las casas que les regaló el padre de Robert en Bournemouth. Este fue un periodo marcado por numerosas recaídas en la enfermedad pulmonar de Stevenson, lo que lo llevó a consumir en exceso las medicinas disponibles en esa época. Una de las más comunes era la ergotina, el principio activo del cornezuelo del centeno, un hongo que crece en la semilla de este vegetal y cuyos efectos alucinógenos son conocidos desde la Antigüedad. La ergotina provoca la contracción de los vasos sanguíneos y se usaba para evitar los esputos de sangre típicos de la tuberculosis. Sin embargo, en grandes dosis, tiene efectos alucinógenos y puede ser incluso mortal. Se ha considerado que estos efectos de la droga podrían haber influido en la inspiración de Stevenson, dada la delicada línea entre la pesadilla y la alucinación.

A finales de 1884, escribió el cuento «Markheim», que revisó en 1885 para su publicación en una revista navideña. Según la costumbre de la época, estas revistas solían publicar en esas fechas relatos macabros con final feliz, al estilo de *Canción de Navidad* de Charles Dickens. Las dificultades económicas obligaron a Stevenson a buscar más historias que pudiese vender a la prensa. Estaba buscando algo similar a «Markheim» pero más extenso. Se devanaba los sesos en busca del argumento de un *shilling shocker*, novela breve de carácter sensacionalista que se vendía en los quioscos por diez céntimos. En este momento, tuvo un sueño, una pesadilla o una alucinación probablemente provocada por la droga que lo hizo gritar mientras dormía. Su esposa Fanny lo despertó asustada y, según se dice, Stevenson se lo reprochó, pues «estaba soñando un buen cuento de fantasmas». Aun así, las dos o tres escenas que aún recordaba del mismo le sirvieron para elaborar el resto de la historia de Jekyll y Hyde.

El contenido exacto del sueño no está claro, pero diversas fuentes mencionan la idea de un hombre bebiendo una poción hecha de polvos y transformándose en otro hombre. Aunque Stevenson no estaba completamente convencido de este elemento (uno de los puntos débiles de la historia desde el punto de vista científico, pues el mismo producto provoca una reacción y la contraria), decidió mantenerlo debido a la fuerte impresión que le causó al soñarlo. En sus propias palabras, la idea giraba en torno a «un cambio voluntario que se vuelve involuntario».

> Había estado intentando durante mucho tiempo escribir una historia sobre el sentido de la dualidad en el hombre… Durante dos días estuve estrujándome el

cerebro en busca de una trama cualquiera; y en la segunda noche soñé con la escena en la ventana, y una escena posteriormente dividida en dos, en la que Hyde, perseguido por algún crimen, tomó el polvo y sufrió el cambio en presencia de sus perseguidores. Todo lo demás fue escrito despierto y consciente.

Analizando el texto que nos ha quedado, la escena que mejor encaja en esta explicación es la que aparece en el capítulo siete: «Escena de la ventana», que además tiene la particularidad de ser casi paralela a la primera y, con mucho, la más corta del libro, a pesar de no contar con acciones especialmente notorias.

Stevenson se lanzó a escribir de manera compulsiva. Tal y como lo recuerda su hijastro, Lloyd Osbourne: «No creo que haya existido antes una hazaña literaria como la escritura del *Dr. Jekyll*. Recuerdo la primera lectura como si fuera ayer. Louis bajó las escaleras con fiebre; leyó casi la mitad del libro en voz alta; y luego, mientras todavía estábamos asimilando la historia, él ya se había ido de nuevo a continuar escribiendo. Dudo que el primer borrador haya tomado más de tres días».

A este relato de la novela escrita en tres días y noches le siguió el no menos literario del borrador quemado y reescrito. Cuentan, y nadie de la familia lo niega, que a Fanny no le gustó la historia que contó. Robert no estaba de acuerdo, discutieron y subió a su habitación. Cerró de un portazo y cuando volvieron a verle había quemado todo lo escrito. Volvió a empezar y escribió aproximadamente la historia que todos conocemos.

El disgusto de Fanny por la primera versión ha dado pie a varias teorías. Lo que parece claro de todas las interpretaciones es que la primera versión describía muy explícitamente las perversiones de Hyde. Fuera por miedo al escándalo (Stevenson era conocido por sus textos juveniles, como *La isla del tesoro*) o por aspirar a una obra con más vuelo literario que un comercial *shilling shocker*. También es cierto que se ha llegado a dudar de la quema del manuscrito, de la escritura compulsiva e incluso de la inspiración onírica, algo que daría una visión del relato como un producto del genio creador, muy del gusto de la literatura de la época.

En cualquier caso, la escritura tuvo más de un borrador. Después de la dramática quema de la primera versión, se escribió una segunda versión. Stevenson preparó entonces un tercer borrador final para enviar a imprenta, introduciendo cambios considerables. Entendemos que la escritura en realidad fue más lenta de lo que se propuso o, en todo caso, es conocido que en ese primer borrador que llegó a imprenta hubo numerosos cambios y mucho esfuerzo.

El manuscrito fue enviado a Longmans en octubre de 1885. Aunque al principio se consideró la publicación periódica en la prensa mensual, se pensó que tendría más ventas si se publicaba completo, en las ediciones de «a chelín». En cualquier caso, se decidió esperar hasta después de las Navidades, cuando el mercado tuviera menos novedades. Esto permitió que se publicara a la vez en los Estados Unidos, bajo el sello de Scribner. Al cabo de unas pocas semanas, las ventas comenzaron a crecer, y solo en Estados Unidos se vendieron cuarenta mil ejemplares, alcanzando hasta los doscientos cincuenta mil en los años siguientes.

El éxito de ventas llevó a su temprana adaptación teatral y cinematográfica. Tan pronto como fue posible, ya que la primera versión teatral es de 1887 y la primera cinematográfica es de 1912, producida por Thanhouser. Tanto el teatro como el cine añadieron cambios sutiles a la historia que, como sucede con tantas otras narraciones del siglo XIX, han permanecido en el imaginario colectivo hasta ahora. La imagen monstruosa de Hyde proviene de aquellas primeras versiones, así como la inclusión de una enamorada de Jekyll, dos aspectos que no aparecen en la edición original ni siquiera de forma sugerida.

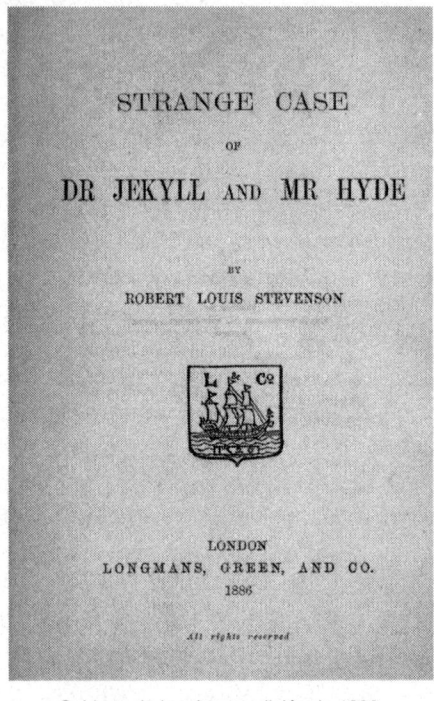

Cubierta de la primera edición de 1886.

ASPECTOS TÉCNICOS

1. RESUMEN

CAPÍTULO 1: LA HISTORIA DE LA PUERTA

La historia comienza con el paseo que todos los domingos dan Utterson, un abogado respetado y serio que es descrito como una persona de carácter sobrio pero amable y leal, y su primo Richard Enfield, un vividor de la noche en la ciudad. Durante su caminata, pasan por una puerta misteriosa en una calle de Londres. Enfield menciona que esa puerta le recuerda un incidente inquietante que presenció hacía unos días.

Enfield relata una noche en la que vio a un hombre de aspecto repulsivo atropellar y pisotear brutalmente a una niña pequeña en la calle. La niña gritaba, y la escena atrajo a una multitud de testigos indignados. En lugar de enfrentarse a las consecuencias legales, el individuo, que se llamaba Mr. Hyde, ofrece pagar una compensación monetaria. Lo que más sorprendió a Enfield fue que Hyde entrara por la misma puerta y regresa al cabo de un instante con un cheque firmado por una persona de buena reputación, el Dr. Jekyll.

Utterson no hace ningún comentario, aunque insiste en preguntarle a su primo sobre detalles de aquel acontecimiento que el otro no veía como más que una anécdota sin demasiada importancia.

Grabado de Charles Raymond Macauley
para la edición de 1904 de la editorial Scott-Thaw, Nueva York.

CAPÍTULO 2: EN BUSCA DE MR. HYDE

Mr. Utterson se inquieta al oír la historia que su primo le contó sobre el misterioso Mr. Hyde y su conexión con Jekyll. Utterson recuerda que Jekyll le había dejado un testamento en el que se estipulaba que en caso de su desaparición o muerte, todos sus bienes pasarían a manos de un hombre llamado Edward Hyde. Esto despierta la preocupación y la curiosidad de Utterson, quien decide investigar más a fondo, buscando información sobre Mr. Hyde. Primero, trata de visitar a su amigo, el Dr. Lanyon, un médico respetado que también es amigo de Jekyll. Durante su conversación, Lanyon revela que se ha distanciado de Jekyll debido a desacuerdos científicos, pero nunca ha oído hablar de Mr. Hyde.

Más tarde, Utterson decide vigilar la puerta por la que Hyde entró aquella noche. Finalmente ve a Hyde, a quien encuentra físicamente repulsivo y malvado en apariencia, aunque no puede precisar exactamente qué es lo que le resulta tan perturbador. Utterson se presenta y Hyde se sorprende de verlo allí. Tras una conversación tensa, Hyde se enfada y desaparece tras la puerta. Al menos Utterson le ha sonsacado la dirección de su casa, en Soho.

Utterson da la vuelta a la esquina y entra en la casa de Jekyll, quien no está. Habla con Poole, el mayordomo, quien confirma que todos los sirvientes tienen órdenes de obedecer a Hyde y que Hyde tiene acceso a la casa por la parte trasera de acuerdo con las instrucciones del amo.

Utterson regresa a su hogar más preocupado que nunca. Reflexiona sobre su amistad con Jekyll y teme que su amigo esté en peligro debido a su relación con Hyde. Empieza a sospechar que Hyde podría estar chantajeando a Jekyll.

CAPÍTULO 3: EL DR. JEKYLL SE MUESTRA TRANQUILO

El capítulo comienza con una escena en una cena en la casa de Jekyll. Entre los asistentes se encuentra Utterson, quien está decidido a hablar con su amigo sobre el testamento que tanto le preocupa. La cena transcurre de manera agradable, y Jekyll se muestra como un anfitrión amable, disfrutando de la compañía de sus invitados.

Después de que los demás se hubieran ido, Utterson aprovecha para hablar en privado con Jekyll. Le expresa su preocupación por el testamento y por la influencia que Mr. Hyde parece tener sobre él. Utterson describe a Hyde como un hombre desagradable y peligroso, y le ruega a Jekyll que reconsidere su testamento.

Jekyll, sin embargo, responde con una mezcla de humor y seriedad. Le dice a Utterson que entiende su preocupación, pero que puede manejar la situación. Le asegura que tiene control sobre Hyde y que puede deshacerse de él cuando quiera. Sin embargo, el doctor no revela detalles específicos sobre la naturaleza de su relación.

Jekyll también le pide a su amigo que confíe en él y que cumpla con su voluntad si algo le llegara a pasar. Le dice que su situación es «muy singular» y que algún día, quizás, pueda explicárselo todo. Utterson no se siente completamente aliviado, pero confía en la palabra de Jekyll y decide mantener su lealtad y amistad.

CAPÍTULO 4: EL ASESINATO DE CAREW

El capítulo comienza con la narración de un crimen brutal, sucedido un año después de los acontecimientos anteriores. Una criada del Dr. Jekyll, mirando desde la ventana de su habitación durante una noche de luna llena, observa a un anciano caballero, que más tarde se identifica como Sir Danvers Carew, un respetable y conocido personaje público, conversando cortésmente con un hombre más joven. De repente, sin provocación aparente, el joven, a quien la criada reconoce como Mr. Hyde, que va a visitar en ocasiones a su señor, pierde los estribos y ataca a Carew con un bastón. La criada ve con horror cómo Hyde golpea a Carew hasta matarlo, dejándolo tirado en el suelo. La escena es tan violenta y aterradora que la criada cae desmayada.

Encuentran en el lugar del crimen la mitad del bastón roto, un objeto que más tarde se confirma como propiedad del Dr. Jekyll y una carta dirigida a Utterson, lo cual lleva a la Policía a buscar su ayuda. El inspector y Utterson visitan la casa de Hyde en el barrio de Soho. La ama de llaves de Hyde muestra poca sorpresa por la búsqueda de su amo y proporciona a los visitantes acceso al lugar.

Asesinato de Carew.

Dentro de la casa, encuentran signos de una vida desordenada y apresurada. Hallan la otra mitad del bastón roto y las cenizas de varios documentos quemados, pero descubren un cheque de banco válido, lo que sugiere que Hyde esperaba regresar en algún momento. La casa está decorada con muebles y cuadros que Utterson reconoce de su amigo el doctor. Este descubrimiento refuerza la idea de que Hyde sigue vinculado a Jekyll.

CAPÍTULO 5: EL INCIDENTE DE LA CARTA

El capítulo comienza con Utterson visitando a Jekyll. El abogado está visiblemente preocupado y busca respuestas sobre la relación entre Jekyll y Hyde. A Jekyll se le ve enfermo y preocupado. Le asegura que ya no tiene nada que ver con Hyde. Le muestra una carta que afirma haber recibido de Hyde, en la cual este le informa que planea desaparecer para siempre. Jekyll parece aliviado por esta decisión y le pide a Utterson su opinión sobre la carta.

Utterson, aún desconfiado, decide llevar la carta a su casa para examinarla con mayor detenimiento. Antes de irse, habla con Poole, el mayordomo de Jekyll, quien le comenta que no ha habido entregas de correspondencia ese día, lo que sugiere que la carta no fue entregada por correo. Esta información aumenta las sospechas de Utterson sobre la autenticidad del documento.

De regreso a su casa, Utterson consulta a su secretario, Mr. Guest, que es un experto en caligrafía. Guest compara la letra de la carta de Hyde con una invitación escrita por el Dr. Jekyll y descubre una sorprendente similitud entre las dos escrituras, sugiriendo que ambas podrían haber sido escritas por la misma persona. Guest menciona que la única diferencia radica en la inclinación de las letras, lo cual se podría haber cambiado deliberadamente.

Este descubrimiento deja a Utterson profundamente preocupado y confundido. La posibilidad de que Jekyll haya falsificado la carta para proteger a Hyde lo deja en una encrucijada moral, donde no sabe si debe enfrentarse a Jekyll o seguir investigando por su cuenta.

CAPÍTULO 6: EL NOTABLE CAMBIO DE LANYON

Después del asesinato de Carew y la supuesta desaparición de Hyde, parece que las cosas empiezan a mejorar para el Dr. Jekyll: se muestra más sociable, reanuda su vida pública y sus relaciones con amigos, lo que tranquiliza a Utterson.

De repente, Utterson nota un cambio dramático en la conducta de su amigo, el Dr. Lanyon. Este, que siempre ha sido un hombre robusto y enérgico, se ve enfermo y debilitado. Cuando Utterson lo visita, queda sorprendido por la apariencia demacrada y la actitud pesimista de Lanyon, quien parece estar al borde de la muerte. Lanyon evita hablar sobre su condición específica, pero deja claro que ha vivido algo tan terrible que su vida ha cambiado irreversiblemente.

Durante su visita, Utterson menciona al Dr. Jekyll, pero Lanyon reacciona con una mezcla de furia y terror, declarando que no quiere volver a oír el nombre de Jekyll y sugiriendo que está completamente distanciado de él.

Poco después de esta conversación, el Dr. Lanyon muere. Tras su muerte, Utterson recibe una carta suya con instrucciones de no abrirla hasta después de la muerte o desaparición del Dr. Jekyll.

Utterson, respetando los deseos de Lanyon, guarda la carta sin abrir, pero decide visitar a Jekyll para entender qué ha sucedido. Sin embargo, al llegar su casa, Poole, el mayordomo, le informa de que su amo ha decidido recluirse de nuevo y no desea ver a nadie.

CAPÍTULO 7: EL INCIDENTE EN LA VENTANA

Pasa el tiempo. Utterson y Enfield realizan uno de sus habituales paseos dominicales. Durante su caminata, pasan por la puerta trasera de Jekyll, allí por donde había desaparecido Hyde hacía tiempo. Deciden entrar al patio del laboratorio para ver si Jekyll está en casa. Desde el patio, ven una ventana abierta en el piso superior, y tras ella está el doctor mirando el horizonte con aire deprimido. Lo saludan, y Jekyll, visiblemente debilitado pero contento de ver a sus amigos, responde amablemente. Utterson le sugiere que se una a ellos en su paseo para tomar aire fresco, pero Jekyll rehúsa, explicando que no tiene la energía suficiente para salir, aunque quiera. De repente experimenta un cambio físico y emocional visible que horroriza a Utterson y Enfield. Su rostro se deforma con una expresión de terror y desesperación. Jekyll cierra bruscamente la ventana y desaparece de la vista.

Atónitos y perturbados por lo que acaban de presenciar, Utterson y Enfield se alejan en silencio.

CAPÍTULO 8: LA ÚLTIMA NOCHE

Utterson recibe una visita inesperada de Poole, el mayordomo de Jekyll. Está visiblemente angustiado y le pide que lo acompañe a la casa de su señor, ya que teme por su vida. Van para allá inmediatamente.

Al llegar a la casa, Poole le cuenta a Utterson que, durante la última semana, Jekyll se ha recluido completamente en su laboratorio y ha estado actuando de manera extraña, comunicándose solo a través de notas escritas y ordenando extraños y específicos productos químicos. Poole sospecha que algo terrible le ha sucedido a Jekyll, ya que la voz que ha oído desde el laboratorio no parece ser la suya.

Incidente en la ventana.

Con esta información, Utterson y Poole deciden actuar. Primero, recorren la casa y el laboratorio en busca de pistas. Poole describe cómo, en varias ocasiones, ha visto a una figura moverse rápidamente en el laboratorio, y está convencido de que esa figura no es Jekyll.

Decididos a descubrir la verdad, Utterson y Poole se dirigen al laboratorio. Golpean la puerta y exigen que se les permita entrar, pero reciben respuestas evasivas y frenéticas desde dentro. Utterson, convencido de que Hyde ha hecho algo terrible, derriba la puerta.

Encuentran la habitación revuelta y a Mr. Hyde muerto en el suelo envenenado, vistiendo las ropas del Dr. Jekyll, del que no hay rastro. Mientras buscan pistas, encuentran una carta dirigida al abogado: Jekyll le pide que lea los documentos que ha dejado atrás, los cuales explicarán toda la historia. El médico se va a su casa a leerlos y ordena a Poole que no haga nada hasta la mañana siguiente.

CAPÍTULO 9: LA DECLARACIÓN DEL DR. LANYON

Este capítulo es la carta de Lanyon, que Utterson lee, según sus indicaciones, tras la muerte o desaparición de Jekyll. Allí Lanyon narra una serie de acontecimientos que comienzan el 9 de enero. Esa noche, recibe una carta urgente de Jekyll, en la que le pide ayuda con un asunto extremadamente delicado. El doctor le pide a Lanyon que vaya a su casa, entre en su laboratorio utilizando una llave incluida en la carta, y recoja una caja específica con productos químicos, libros y papeles. Luego, le solicita que lleve la caja a su casa y espere la visita de un hombre que irá a recogerla a medianoche.

Lanyon decide seguir las instrucciones de su amigo. Va a su casa, accede al laboratorio y encuentra la caja descrita. Lanyon observa que el contenido de la caja incluye varios productos químicos y un cuaderno con anotaciones sobre experimentos.

Regresa a su propia casa con la caja y espera la llegada del visitante misterioso. A medianoche, llega un hombre que se presenta como Mr. Hyde. Lanyon queda inmediatamente perturbado por la apariencia desagradable de aquel hombre, pero sigue adelante con el procedimiento. Hyde, mostrando una gran impaciencia y ansiedad, mezcla algunos de los productos químicos para preparar una poción.

Antes de beberla, Hyde ofrece a Lanyon la oportunidad de retirarse si no desea ver lo que va a suceder, pero la curiosidad lo lleva a quedarse. Hyde bebe la poción y, ante los ojos atónitos de Lanyon, se transforma en el Dr. Jekyll. Esta transformación, que desafía toda lógica y comprensión científica, le causa un profundo impacto. La revelación de que Jekyll y Hyde son la misma persona es tan perturbadora que Lanyon no puede soportarlo, lo que lo lleva a su muerte poco después.

CAPÍTULO 10: LA CONFESIÓN DE HENRY JEKYLL

El último capítulo es la carta escrita de Jekyll que encuentra Utterson en el laboratorio. Jekyll comienza su relato explicando su interés en la dualidad de la naturaleza humana, convencido de que cada individuo alberga tanto el bien como el mal. Este interés lo llevó a investigar una manera de separar estas dos partes de sí mismo. Su objetivo era elaborar una fórmula que le permitiese desatar su lado maligno sin dañar su reputación como hombre respetable. Después de numerosos experimentos, Jekyll finalmente descubre una fórmula que logra esta separación.

Al tomar la pócima por primera vez, Jekyll experimenta una transformación física y mental, convirtiéndose en un ser más pequeño, más joven y de apariencia malvada: Edward Hyde. Esta nueva identidad le permite actuar sin las restricciones morales y sociales que lo limitan como Jekyll. Disfruta de la libertad que Hyde le proporciona y, al principio, se siente eufórico por el poder de su descubrimiento.

Sin embargo, Jekyll pronto se da cuenta de las terribles consecuencias de sus acciones. Aunque Hyde le permite vivir sin remordimientos, sus actos se vuelven cada vez más atroces y violentos. A medida que Jekyll continúa usando la poción, descubre que la transformación en Hyde se vuelve cada vez más fácil y frecuente, hasta el punto de que comienza a transformarse sin necesidad de ninguna fórmula. Este cambio involuntario y fuera de su control aterroriza a Jekyll. El asesinato de Carew lo pone además en una situación peligrosa, pues la policía busca a Hyde, por lo que decide no volver a tomarla.

Todo va bien durante un tiempo hasta que un día se transforma en medio de un parque. Como no puede volver a su casa, tiene que idear las cartas descritas en el capítulo anterior para que Lanyon le ayude. Tras eso, regresa a su casa, pero descubre que se está quedando sin uno de los ingredientes esenciales de la poción. Envía a Poole a por más material, pero el que trae no funciona. Descubre con horror que uno de los ingredientes no era puro, y desconoce el origen de la impureza, por lo que no puede producir más. Escribe esa carta y un nuevo testamento que favorece a Lanyon con la última gota de poción. Cuando acaben sus efectos, no volverá a ser Jekyll nunca más.

2. PERSONAJES PRINCIPALES

Una característica que salta a la vista al leer el libro es la homogeneidad de los personajes principales. Todos son varones de mediana edad, solteros, pertenecientes a la clase acomodada londinense y con trabajos reconocidos. De hecho, las mujeres apenas tienen una presencia residual en la novela. Esta ausencia puede ser interpretada como un reflejo de la preponderancia masculina en aquella sociedad, aunque también pudiera estar provocada por una cuestión puramente narrativa. Al excluir mujeres y familias en definitiva, la narración se centra en el aspecto alegórico sin el afán descriptor que tenían las novelas de corte realista escritas años atrás. Desde el punto de vista estructural, vemos que los personajes también se organizan en pares antagónicos, como si la dualidad de Jekyll y Hyde se extendiera al resto de la narración. Además de Hyde, Jekyll tiene una relación compleja con Lanyon, del mismo modo que Utterson es amigo y a la vez antagónico a Enfield.

DR. HENRY JEKYLL

El Dr. Henry Jekyll, protagonista de la historia, es una figura de personalidad complejísima, hasta tal punto que no tenemos claro si Hyde es un personaje independiente o un aspecto de sí mismo. Físicamente es descrito como un hombre bien parecido y con una presencia digna. Se sugiere que es un hombre alto, de complexión media y con alrededor de cincuenta años, de rostro noble y amable. Reside en Londres en una casa elegante con un laboratorio adjunto. Ha recibido una educación sólida y pertenece a la alta sociedad londinense, siendo un científico muy respetado y exitoso, conocido por sus investigaciones en el campo de la química.

En cuanto a su personalidad, Dr. Jekyll es una figura profundamente moral y ética, aunque su carácter está marcado por una dualidad inherente. Es visto por la sociedad como un hombre amable, generoso y altruista, conocido por sus buenas acciones y su disposición a ayudar a los demás. Este lado de su personalidad es el que lo hace tan respetado y querido en su círculo social. No obstante, Jekyll posee una vida oculta que no puede evitar, y vive con engaño y humillación.

A pesar de su exterior amable, Jekyll también muestra una ambición desmedida y una cierta arrogancia intelectual, creyendo que puede controlar y dominar las fuerzas oscuras de su propia naturaleza a través de la ciencia. Este conflicto interno entre su deseo de ser una persona moralmente correcta y sus impulsos más oscuros y reprimidos lo lleva a producir la pócima que le permite transformarse en Edward Hyde. La creación de Hyde representa la manifestación física de sus deseos y características más oscuras y reprimidas.

Jekyll suena parecido a la palabra «je» en francés, que significa «yo», lo que puede sugerir la naturaleza egótica. También se ha argumentado que Jekyll podría derivar de «je kill» («yo mato»), indicando la intención de eliminar su lado negativo representado por Hyde.

MR. EDWARD HYDE

Edward Hyde, *alter ego* del Dr. Henry Jekyll, es una figura de una malignidad intensa y perturbadora. Físicamente, Hyde es descrito como un hombre joven de baja estatura, con una apariencia que provoca una repulsión inmediata en quienes lo ven. Su aspecto es descrito como desagradable y poco atractivo, lo que contrasta notablemente con la apariencia digna y noble del Dr. Jekyll. A pesar de la repulsión que provoca, en ningún momento se hace referencia a ningún tipo de peculiaridad física, de deformidad real, que lo haga desagradable.

Edward Hyde no tiene una historia personal independiente de la de Jekyll. Es el producto de un experimento científico realizado por el doctor para separar sus impulsos en dos entidades distintas. Hyde, por lo tanto, no posee familia, ni carrera, ni una vida propia fuera de las acciones que realiza bajo su identidad. Su existencia está intrínsecamente ligada a la del Dr. Jekyll y solo cobra vida cuando Jekyll toma la pócima que lo transforma.

Es esencialmente malvado; disfruta de la crueldad y la violencia sin ninguna consideración por las normas sociales o morales. Hyde actúa impulsivamente, sin remordimientos ni conciencia, lo que lo convierte en una figura aterradora y peligrosa. Esta naturaleza destructiva es una liberación de las restricciones morales y sociales que atan a Jekyll en su vida cotidiana.

El nombre de Hyde juega con la palabra «*hide*» en inglés, que significa «ocultar» o «esconder». Esto es apropiado para un personaje que representa los instintos más primitivos y oscuros de Jekyll, que están ocultos bajo su fachada civilizada. Hyde es la personificación del mal interno que Jekyll intenta mantener oculto.

GABRIEL JOHN UTTERSON

Utterson es un abogado y amigo cercano de Jekyll. Es presentado como un hombre de aspecto sobrio y serio, cuya apariencia física refleja su personalidad moderada y conservadora. De mediana edad, con un rostro austero que rara vez muestra emociones fuertes. La personalidad de Utterson es caracterizada por su prudencia, racionalidad y sentido común. Es un hombre de pocas palabras; prefiere observar y analizar antes que actuar. Su naturaleza meticulosa y su enfoque cauteloso lo convierten en un abogado confiable y en un amigo fiel. A lo largo de la novela, Utterson se muestra como una figura de estabilidad y moralidad, buscando siempre el camino correcto y tratando de entender y resolver los misterios que rodean a Jekyll y Hyde.

En términos biográficos, Gabriel John Utterson es un abogado exitoso y respetado en Londres, conocido por su integridad y sentido del deber. Es soltero y vive una vida tranquila y metódica, dedicando gran parte de su tiempo a su trabajo y a mantener sus relaciones personales en un círculo selecto de amigos. Entre sus amistades más cercanas se encuentran el Dr. Jekyll, Hastie Lanyon y Richard Enfield, con quien comparte paseos regulares los domingos. Utterson es un hombre de principios firmes y valores tradicionales, lo que le lleva a ser extraordinariamente comprensivo con las debilidades ajenas, de los que deriva su sentido de la reputación y el honor. Esta combinación de racionalidad, moralidad y compasión lo convierte en el personaje central que guía al lector a través de la complejidad de la trama.

Utterson puede ser interpretado como alguien que «utters» («pronuncia» o «expresa») la verdad, dado que es el personaje que intenta desentrañar el misterio de Jekyll y Hyde y a través del cual conocemos toda la historia.

DR. HASTIE LANYON

Lanyon es un viejo amigo de Jekyll, así como de Utterson. Es un médico altamente respetado en la comunidad londinense. Su relación con Jekyll se remonta a sus días de estudiantes, compartiendo no solo una amistad sino también cierta rivalidad intelectual. Lanyon valora profundamente los métodos científicos tradicionales y empíricos, lo que finalmente lo lleva a una ruptura con Jekyll debido a sus divergencias sobre el enfoque científico.

En términos de personalidad, el Dr. Lanyon es un hombre de ciencia riguroso, con una fe inquebrantable en la racionalidad y en consecuencia una fuerte aversión a lo que considera pseudociencia o experimentos temerarios. Muestra poca tolerancia por lo que percibe como charlatanería o prácticas poco ortodoxas. Esta rigidez en su pensamiento científico lo coloca en oposición directa a los experimentos radicales de Jekyll, que considera peligrosos e irresponsables.

RICHARD ENFIELD

Richard Enfield es un primo lejano y amigo cercano del abogado Gabriel John Utterson. Aunque no se proporciona una descripción detallada de su apariencia, se puede inferir que, como buen caballero de la alta sociedad victoriana, es bien parecido y elegante. Las pocas referencias que se tienen de él describen a una persona al cabo de la calle, que no teme disfrutar de lo que la vida le ofrezca: vividor, despreocupado e indiscreto con las vidas de los demás. En cierta manera podría considerarse la antítesis de Utterson.

3. GÉNERO

Definir el género narrativo en el que se inscribe la novela de Stevenson no es sencillo, pues no pertenece a ninguno en concreto sino que toma elementos de varios géneros populares de la época. Elabora una amalgama con todos ellos que resulta original por apenas notarse las costuras y por darles la vuelta uno a uno: rompe los estereotipos de cada canon genérico y juega así con las expectativas del público. Es apropiado considerar el título completo de la novela (al ser tan largo muchas veces se resume), pues nos parece que encierra esa voluntad multigenérica del autor: *El extraño caso del Dr. Jekyll y Mr. Hyde*. Tiene tres sustantivos: «caso», que haría referencia a la novela policiaca; «Dr. Jekyll» se vincularía a la incipiente novela de ciencia ficción y «Mr. Hyde», el ser monstruoso y terrorífico asociado a la novela gótica. Todos ellos condensados en un formato popular en la época, la novela callejera denominada *shilling shockers*, de la que imita no solo el tema sino la breve extensión.

NOVELA CALLEJERA

Además de los libros editados, encuadernados y vendidos en librerías, desde el origen de la imprenta hubo una versión barata de literatura popular, más breve y de peor calidad tanto por el papel como por el contenido, que dependiendo del momento y género iba cambiando de nombre: pliegos sueltos, romances de ciego, folletines y novelas por entregas… Estas obras, vendidas a bajo coste y a menudo distribuidas en las calles, eran accesibles para un amplio público, proporcionando entretenimiento asequible a las masas populares. Dentro de este ámbito, en Inglaterra destacaron los *shilling shockers*. Eran llamados así por el coste de un chelín (diez peniques) y para diferenciarlos de los más breves *penny bloods* o *penny dreadfuls*. Libros que destacaron como un subgénero particularmente popular, ofreciendo relatos sensacionales de terror y suspense que capturaban la imaginación del público lector, de ahí el adjetivo *shocker* con el que se describen.

Las raíces de las novelas callejeras y los *shilling shockers* pueden rastrearse por el auge de las ciudades y el desarrollo de una clase media urbana que buscaba entretenimiento asequible. Las historias de crímenes y misterios permitían a los lectores evadirse de su vida cotidiana y adentrarse en un mundo de peligro y emoción. Este formato de libro barato, que admitía pocas lecturas, sirvió para establecer muchos de los subgéneros narrativos que siguen hoy en día existiendo (detective, misterio, wéstern, terror, ciencia ficción…) y sus técnicas narrativas –incluyendo el uso del suspense y el enfoque en el misterio y la sorpresa–, que siguen siendo fundamentales en la ficción contemporánea comercial.

El Dr. Jekyll no solamente mantiene un reducido número de páginas para que se pudiera vender al precio de un chelín, también la propia temática del criminal nocturno se asocia con estos librillos. De hecho, estos libros tuvieron una importante responsabilidad en la popularización de uno de los casos más célebres de la crónica negra londinense, Jack el Destripador, que comenzó sus asesinatos dos años después de la publicación de la novela, y cuya similitud quedó a la vista de todos hasta el punto de que Richard Mansfield, el actor que interpretaba la versión teatral de la novela, fue detenido como sospechoso.

Una última referencia al formato callejero está plasmada directamente en lo que podía ser un recorte de uno de estos librillos: el testimonio de la criada que presenció el asesinato de sir Carew.

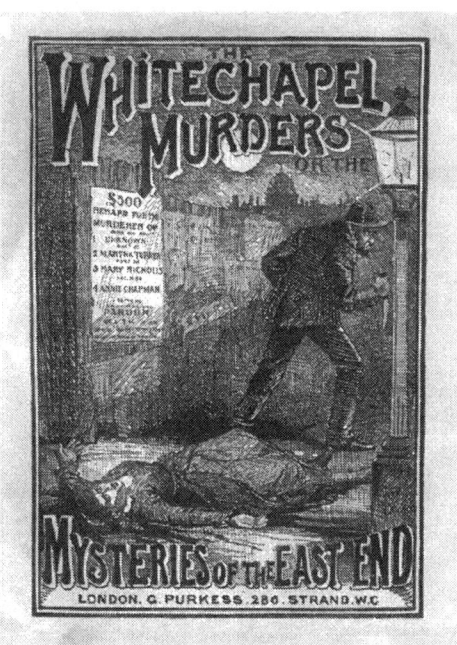

Ejemplo de novela callejera: *The Whitechapel Murders* o *The Mysteries of the East End*, 1888, sobre los asesinatos de Jack el destripador.

La novela gótica, un género literario surgido en el siglo XVIII, se caracteriza por su atmósfera sombría y misteriosa, así como por sus escenarios inquietantes y sobrenaturales. Este estilo literario nació con *El castillo de Otranto* (1764) de Horace Walpole, que estableció muchos de los elementos que definirían el género. Las novelas góticas suelen explorar temas de terror, romance y tragedia, sumergiendo al lector en mundos donde la línea entre lo real y lo sobrenatural se desdibuja.

Uno de los aspectos más distintivos de la novela gótica es su ambientación. Los autores góticos a menudo sitúan sus historias en castillos antiguos, mansiones en ruinas, monasterios medievales y otros lugares desolados de los que emana un aire de decadencia y misterio. Estas locaciones no solo sirven como telón de fondo, sino que también actúan casi como personajes en sí mismos, reflejando y amplificando el miedo y la tensión de las narrativas. Las descripciones detalladas de pasillos oscuros, habitaciones secretas y paisajes desolados suscitan una atmósfera opresiva y claustrofóbica que es fundamental para el impacto emocional de estas historias.

El espacio de Jekyll y Hyde constituye lo que puede denominarse gótico urbano. Con el crecimiento industrial de la segunda mitad del XIX, las grandes urbes se vieron como un lugar mucho más sugerente y moderno para la ambientación gótica: el bosque se transformó en ciudad nocturna y el castillo en mansión. Luego veremos la importancia de la ciudad de Londres y la casa de Jekyll para el desarrollo de la atmósfera extraña y opresiva que transmite la novela.

Además de su ambientación, la novela gótica se caracteriza por sus tramas complejas y sus personajes atormentados. Los protagonistas suelen enfrentarse a peligros inminentes o enemigos siniestros, mientras lidian con sus propios miedos y debilidades internas. La presencia de lo sobrenatural es frecuente, con fantasmas, monstruos y fenómenos inexplicables. Sin embargo, más allá del horror superficial, las novelas góticas a menudo exploran temas profundos como la transgresión, la locura y la lucha entre el bien y el mal.

La figura de Jekyll como protagonista atormentado y perseguido por fuerzas sobrenaturales (que él mismo ha provocado) encajan perfectamente con el género. Pero aún más característica de la novela gótica es la figura del monstruo como materialización de los miedos, deseos y conflictos internos tanto de los personajes como de la sociedad en general. Estos seres, que a menudo son deformes, sobrenaturales o moralmente corruptos, actúan como reflejos oscuros de la humanidad, personificando las ansiedades y las cuestiones éticas que la cultura de la época prefería mantener ocultas.

En el contexto de la psicología, los monstruos góticos a menudo simbolizan «el otro», lo desconocido y lo temido que yace tanto en el mundo exterior como en el interior de la mente humana. Estos personajes permiten a los autores explorar el inconsciente y las partes reprimidas de la psique. Al confrontar al lector con lo grotesco y lo aterrador, la narrativa gótica fuerza una reflexión sobre los propios miedos y deseos reprimidos. Ejemplos de monstruos góticos los tenemos desde los orígenes del género y de hecho se han convertido en lugares comunes mucho más estereotipados con el paso del tiempo: monstruo de Frankenstein, Drácula, hombre lobo… y, por supuesto, Hyde.

NOVELA DE DETECTIVES

El siglo xix fue testigo del surgimiento de las novelas y relatos de detectives, un género literario que ha dejado una huella indeleble en la cultura popular. Este género se originó en un contexto de rápidos cambios sociales y tecnológicos, cuando las ciudades crecían y la vida urbana se volvía cada vez más compleja. La figura del detective, con su intelecto agudo y su capacidad para desentrañar misterios, emergió como un héroe moderno que ofrecía un sentido de orden y racionalidad en un mundo cada vez más caótico.

El punto de partida generalmente reconocido para la literatura detectivesca es el cuento «Los crímenes de la calle Morgue» (1841) de Edgar Allan Poe. Este relato introdujo al personaje de Auguste Dupin, un detective aficionado que resuelve crímenes mediante el análisis lógico y la observación minuciosa. Poe sentó las bases del género con elementos clave como el detective perspicaz, el narrador amigo del detective, y la resolución del misterio mediante el uso del intelecto y la deducción. Estos elementos fueron adoptados y refinados por autores posteriores, estableciendo un marco narrativo que aún perdura. Wilkie Collins, con *La piedra lunar* (1868), contribuyó a la diversificación y expansión del género. Estas obras comenzaron a explorar no solo los enigmas criminales, sino también la psicología de los personajes y los aspectos sociales de los crímenes.

Exactamente un año más tarde de la publicación de *Jekyll y Hyde* aparecerá el primero de los grandes libros que revolucionará el género hasta la actualidad: el compatriota de Stevenson, Arthur Conan Doyle, publicará *Un estudio en escarlata* (1887) y presentará al detective más celebre de todos: Sherlock Holmes.

Como hemos afirmado, *Jekyll y Hyde* no es propiamente una novela de detectives, pero tiene numerosos componentes que la asocian al género. Ya hemos mencionado que se trata de un «caso» policial, con un asesinato y un misterio. Aunque aparecen policías, estos no tienen un papel relevante, pero sí lo tiene Utterson. Su función de transmitirnos los acontecimientos sigue puntualmente las indagaciones del abogado por descubrir la relación entre Jekyll y Hyde. Utterson mantiene, como un detective amateur, las mismas reglas que ya instauró Auguste Dupin y harán famoso a Holmes: no pertenecer al cuerpo de Policía. Esto les da un carácter de aficionados que choca con la oficialidad al resolver los casos y utilizar el método deductivo: los casos se resuelven gracias al uso de la lógica y al análisis minucioso de las «pistas».

La gran diferencia entre Utterson y el resto estriba en que su caso no es normal. Los elementos sobrenaturales que lo componen eliminan cualquier posibilidad de dilucidarlo mediante la lógica. Sus herramientas no sirven, pero él insiste en utilizarlas hasta que se da por vencido. Las conversaciones con Lanyon le podrían haber servido para plantearse la extrañeza de las investigaciones de Jekyll. Pero en la primera lo asume como un simple debate de método entre científicos, y en la segunda, atribuye la enfermedad de Lanyon y su estado de ánimo a razones naturales, cuando en realidad está todo producido por el conocimiento de división de la personalidad de Jekyll.

Todas las novelas de detectives terminan con la resolución del misterio. Esta también, pero no será el abogado quien lo descubra. De hecho, la narración de Utterson termina reconociendo su derrota al enfrentarse al último de los misterios: la presencia obligada de Jekyll en el laboratorio al ver que la llave (la clave del misterio) está oxidada y rota. Podemos encontrar interesantes paralelismos entre el relato inaugural del género y esta última escena: los asesinatos cometidos en el apartamento de la calle Morgue de París no tienen ninguna lógica, pues nadie pudo entrar ni salir del mismo, pero está claro que no ha sido un suicidio. Dupin descubre la solución a lo que más tarde se llamó el problema de la habitación cerrada, cuando el asesino está o debería estar entre los presentes. Utterson no puede darla, pues en su caso el asesino y la víctima son la misma persona. La solución al caso se dará de forma indirecta, mediante las cartas de Lanyon y del propio Jekyll.

NOVELA DE CIENCIA FICCIÓN

El siglo XIX sufrió una transformación significativa con la Revolución Industrial que cambió radicalmente la sociedad y la percepción del futuro. La ciencia y la tecnología comenzaron a avanzar a un ritmo sin precedentes, inspirando tanto optimismo como temor. Fue en este contexto donde surgieron autores cuya obra definiría la ciencia ficción moderna. El más destacado de todos ellos fue el francés Jules Verne. Sus novelas, como *Viaje al centro de la Tierra* (1864), *De la Tierra a la Luna* (1865) o *Veinte mil leguas de viaje submarino* (1870), combinaron rigurosa investigación científica con aventuras emocionantes. Verne imaginó submarinos, viajes espaciales y otros avances tecnológicos que, aunque fantasiosos para su época, demostraron una notable capacidad de anticipación tecnológica.

Pero el origen de las novelas de ciencia ficción puede rastrearse mucho antes del siglo XIX. Una de las figuras centrales en este desarrollo fue la del alquimista que, en su búsqueda del conocimiento, desafía las leyes de la naturaleza y se enfrenta a consecuencias imprevisibles. Este arquetipo está presente en las obras precursoras del género, como las leyendas de Fausto en su búsqueda del homúnculo y la piedra filosofal y por supuesto la novela iniciática del género, *Frankenstein* de Mary Shelley (1818).

La historia de Fausto cristalizó el tema del científico que desafía los límites establecidos. Fausto, un erudito insatisfecho con la limitación humana, hace un pacto con Mefistófeles para obtener conocimientos y poderes ilimitados. La leyenda de Fausto, basada en una figura histórica del siglo xvii pero popularizada en la obra *Fausto* (1808 y 1832) de Johann Wolfgang von Goethe, explora las consecuencias morales y existenciales de la ambición desmedida y la búsqueda del poder, temas que como vemos serán recurrentes en la ciencia ficción posterior.

El verdadero punto de inflexión para el género fue la publicación de *Frankenstein, o el moderno Prometeo* en 1818, por Mary Shelley. La novela cuenta la historia de Victor Frankenstein, un joven científico que, obsesionado con los secretos de la vida y la muerte, crea una criatura a partir de cadáveres. La obra de Shelley no solo es pionera por su enfoque en los aspectos científicos y éticos de la generación de vida artificial, sino también por su profunda exploración de la responsabilidad y las consecuencias de jugar a ser Dios. Frankenstein representa el prototipo del científico que, en su afán de conocimiento, transgrede las leyes naturales y afronta las trágicas consecuencias de su *hibris*.

Tanto Fausto como Frankenstein comparten con Jekyll el calificativo de doctor, y entre todos ellos configurarán más adelante el estereotipo del científico loco: un ser inteligente e inestable que no teme desafiar las leyes de la naturaleza y ve cómo estas se rebelan contra él. No desarrollaremos aquí este aspecto de la novela porque nos parece suficientemente relevante como para hacerlo en el apartado de interpretaciones temáticas.

4. NARRADOR

Uno de los grandes aciertos de la novela de Stevenson es su habilidad para combinar diferentes puntos de vista que completan y a la vez ocultan mucha información sobre el argumento. Más adelante veremos cómo ese juego de perspectivas también sirve para mostrar el hilo temporal de una manera fragmentada y reiterada, de modo que solo al final descubriremos la verdad de toda la historia. Hay acontecimientos de la narración que se nos cuentan hasta tres veces, otros están llenos de vacíos que son completados por un narrador diferente. Además, estos narradores no son neutros; cada uno tiene su sesgo particular, lo cual también afecta la propia opinión del lector.

NARRACIÓN EN TERCERA PERSONA

En los primeros ocho capítulos de *El extraño caso del Dr. Jekyll y Mr. Hyde*, la narración se presenta principalmente desde la perspectiva de Utterson. Al estar la narración focalizada a través del abogado, el lector solo conoce lo que él ve, piensa y siente. Este punto de vista limitado produce una sensación de subjetividad y misterio, ya que el lector descubre los sucesos y pistas junto con él. Aunque la narración es en tercera persona, el acceso a los pensamientos y reflexiones de Utterson proporciona una comprensión más profunda de su carácter y su enfoque lógico y racional hacia los acontecimientos.

Utterson es descrito como un hombre racional y escéptico, lo que lo convierte en un observador confiable y lógico en medio de los hechos inexplicables que rodean a Jekyll y Hyde. Su enfoque metódico y analítico le permite investigar las circunstancias de manera sistemática. Paradójicamente, su método nos aleja de la verdad, pues todo aspecto sobrenatural queda excluido de su pensamiento (lo vemos en las conversaciones con Lanyon o al final del capítulo octavo), forzando al lector a buscar una solución lógica y racional, que en realidad no existe.

La perspectiva limitada de Utterson contribuye significativamente al suspense. El lector, al igual que el abogado, no tiene acceso inmediato a todas las respuestas, lo que mantiene la intriga y el interés en la resolución del misterio. La narrativa a través de Utterson permite un descubrimiento gradual de los hechos. A medida que Utterson investiga y recoge pistas, el lector se sumerge en el proceso de resolver el enigma de Hyde y su conexión con Jekyll.

El aspecto subjetivo también condiciona la lectura. La narración muestra la lealtad de Utterson hacia sus amigos, especialmente Jekyll. Su preocupación por el bienestar del doctor y su determinación de protegerlo y comprender su comportamiento impulsa gran parte de la trama. Utterson es un hombre de principios, lo que se refleja en su desaprobación del comportamiento de Hyde y su lucha por comprender cómo alguien tan malvado puede estar asociado con su amigo.

Solo hay un momento, en estos ocho capítulos, en el que el narrador se aleja de la figura de Utterson. Sucede cuando se describe el asesinato de Carew, que está narrado por una criada. Dado que Stevenson ha mantenido el mismo narrador durante todos esos capítulos (e incluso durante los dos finales, como luego interpretaremos), romper sus propias reglas podría resultar algo poco riguroso por su parte. La crítica ha señalado de manera bastante convincente que ese inicio del capítulo cuarto podría ser, en realidad, un recorte de prensa leído a su vez por Utterson. Un lector atento descubrirá un tono diferente, mucho más neutro, en esas páginas, hasta que vuelve pronto a la perspectiva del abogado.

Además de algunas breves misivas que aparecen en los primeros capítulos, los dos últimos están formados exclusivamente por narraciones escritas por personajes en primera persona. El capítulo noveno corresponde a la carta que Lanyon le escribe a Utterson, donde le revela la verdadera naturaleza de Hyde. El último capítulo del libro es una confesión de Jekyll, en la que aclara todos los términos ocultos, o al menos eso parece hacer, como veremos. Estos narradores-personajes ofrecen una perspectiva íntima y subjetiva que complementa la narrativa en tercera persona limitada de Utterson. Proporciona así una comprensión más completa de los acontecimientos y motivaciones subyacentes.

Lanyon narra con un tono impregnado de escepticismo y horror, reflejando su perspectiva científica y su reacción personal ante lo que percibe como una abominación contra las leyes de la naturaleza. Su relato no solo expone hechos cruciales, como la revelación de la transformación de Jekyll en Hyde, sino que también comunica su profunda consternación y repugnancia. Esta subjetividad añade una capa emocional y humana al relato, mostrando cómo el descubrimiento afecta a Lanyon a nivel personal y profesional. A través de su testimonio, Lanyon pretende advertir y explicar, consciente de las graves consecuencias de sus revelaciones. Además, busca justificar su distanciamiento de Jekyll, presentando sus acciones como motivadas por principios científicos y éticos.

Jekyll proporciona la confesión detallada y reflexiva en la última parte de la novela. En su narración, Jekyll se sumerge en una introspección profunda, revelando sus conflictos internos y su fascinación con la idea de separar las dos naturalezas del ser humano. Jekyll describe sus buenas intenciones iniciales, que finalmente se desvían, y su lucha por controlar las consecuencias de sus experimentos. Su relato está impregnado de una subjetividad que revela tanto su ambición como su culpa, mostrando la complejidad de su carácter. A través de su confesión, Jekyll intenta no solo redimirse, sino también advertir a otros sobre los peligros de jugar con la naturaleza humana. Su intención es que su historia sirva como una lección moral, mientras busca cerrar el capítulo de su vida con una explicación completa y sincera de sus acciones.

Ambos narradores en primera persona, Lanyon y Jekyll, cumplen funciones esenciales en la narrativa. El narrador-testigo de Lanyon, con su escepticismo científico y horror, valida los hechos extraordinarios desde una perspectiva externa pero cercana, mientras que el narrador-protagonista de Jekyll ofrece una explicación interna y detallada de los hechos y sus implicaciones personales y morales.

Como toda narración en primera persona, se relatan los acontecimientos desde la subjetividad del individuo, con sus sesgos, opiniones y motivaciones conscientes o inconscientes. El relato se hace mucho más vívido y personal, pero también más sospechoso. En el caso concreto de Jekyll, podemos adivinar una intención redentora en su historia. Si le consideramos alguien tan preocupado por las apariencias –«ambicioso sobre todo por conseguir la estima de los mejores»– pasar a la historia como el asesino y violento Hyde podría destruir su valorada reputación. Es por eso que si hay arrepentimiento en su carta, también podría haber encubrimiento o al menos un intento de exculparse de las acciones que describe. Una lectura atenta de esa parte muestra que hay una intención de disociarse de la figura de Hyde, echando a ese *alter ego* la culpa de todo y presentándose a sí mismo como la primera víctima del monstruo. Este argumento adquiere más fuerza si consideramos quién es el receptor del texto, que no es otro que Utterson: además de amigo, recién proclamado heredero de la fortuna de Jekyll y, por tanto, custodio de su memoria ante los demás.

¿TRES NARRADORES O UN NARRADOR?

Con todo, deberíamos preguntarnos si estos dos narradores internos están dentro o fuera del relato de Utterson, a modo de historia contada por un personaje o manuscrito hallado en una botella. Ciertamente, las dos cartas tienen un componente autónomo y externo al resto del texto. No aparecen incluidas en la narración de Utterson, sino añadidas después a modo de anexo. Su autonomía es tal que en ocasiones se ha publicado la narración de Jekyll de forma independiente, pues en realidad no necesita demasiadas referencias anteriores (a diferencia del resto de la historia, que sin esa narración, queda inconclusa).

Sin embargo, nos parece que esos dos capítulos tienen una conexión más fuerte con el relato de lo que puede aparentar. Para empezar, ambas cartas se mencionan en el texto focalizado por Utterson y están dirigidas a él. De hecho, la narración termina con una referencia a las mismas. Cuando Utterson, completamente desorientado al descubrir el cuerpo de Hyde, le dice al mayordomo Poole:

> Yo no hablaría a nadie de este documento. Si su amo ha huido o está muerto, al menos podemos proteger su reputación. Ahora son las diez; debo irme a casa y leer con tranquilidad estos documentos; pero estaré de vuelta antes de medianoche, y entonces podremos llamar a la Policía (cap. VIII).

Ahí termina el relato y no volvemos a saber nada más de Utterson, sin embargo, sabemos que la historia no acaba ahí, pues el propio abogado nos indica lo que va a hacer a continuación: leer las dos cartas. Precisamente, al pasar la página el lector se encuentra con las dos cartas que, en la narración, está leyendo Utterson. Somos testigos de su lectura directa al mismo tiempo que él y descubrimos la verdad sobre el caso a la par. Tendríamos que imaginarnos ver las cartas a través de sus ojos, que es precisamente lo que hemos estado haciendo a lo largo de los primeros ocho capítulos. Solo faltaría, para incluirlo de forma evidente, una pequeña introducción del tipo «Utterson se recostó sobre su sillón y comenzó a leer». Algo que no añade demasiado y el autor pudo omitir.

Esta estructura narrativa sugiere que, aunque las cartas de Lanyon y Jekyll tienen una apariencia autónoma, están intrínsecamente vinculadas al relato principal a través de Utterson. Este vínculo se refuerza por el hecho de que Utterson sea el destinatario y lector de estos documentos. La omisión de una transición explícita para la lectura de las cartas podría verse como una elección estilística de Stevenson, diseñada para mantener el ritmo y la inmersión del lector en la historia. Por lo tanto, a pesar de la aparente independencia de los narradores en primera persona, la estructura global del texto sugiere que hay un solo hilo narrativo continuo que conecta todas las perspectivas a través del personaje de Utterson.

5. TIEMPO

La estructura temporal de *Dr. Jekyll y Mr. Hyde* es uno de los aspectos más originales de la novela. Aunque aparentemente cronológica, el multiperspectivismo narrativo convierte una estructura aparentemente lineal en un juego de saltos temporales al servicio del suspense narrativo. Hay acontecimientos que no se revelan hasta más tarde y otros que se cuentan varias veces desde diferentes perspectivas. El gran mérito del libro estriba en que los saltos temporales están tan imbricados en la acción novelesca que apenas se perciben como tales.

Para entender con propiedad lo que intentamos analizar, debemos primero diferenciar entre relato y trama. El relato está formado por los acontecimientos de la historia desde su inicio hasta el final; la trama es el modo en el que estos acontecimientos están (o no) contados. Si somos rigurosos, el relato comienza con el nacimiento de Jekyll, pues él mismo menciona cuándo nació y cómo evolucionó su vida hasta descubrir la poción que lo transformaba en Hyde. Todo eso sucedió antes de los hechos propiamente narrados, ya que la trama (el primer capítulo) comienza con el paseo de domingo en el que Enfield le habla a Utterson sobre Hyde.

A partir de ese momento, comienza la trama en sí, que sería lineal con un lapso de casi un año entre el tercer y el cuarto capítulo. Este último se abre con el asesinato de Carew, acelerando todos los acontecimientos. Jekyll toma la decisión seria de dejar a Hyde y, tras un tiempo pacífico en el que apenas sucede nada, llega la transformación involuntaria en Hyde que provoca el encuentro con Lanyon. Este encuentro será contado por el mismo Lanyon en el noveno capítulo y por Jekyll en el último. Como los primeros ocho capítulos están focalizados en la figura de Utterson y su intento de descubrir la relación entre Jekyll y Hyde, todos estos acontecimientos nos son ocultados con toda lógica, ya que el propio Utterson los desconoce.

Los capítulos noveno y décimo, que nos llegan en forma de cartas, retroceden a modo de analepsis a acontecimientos pasados: el puntual de Lanyon y el más extenso de Jekyll. Ambos terminan en el presente histórico de la narración. Como dijimos al referirnos a los narradores, si consideramos que las dos cartas son leídas por Utterson la última noche, estaríamos ante un caso originalísimo en el que el relato se extiende en el tiempo más que la trama.

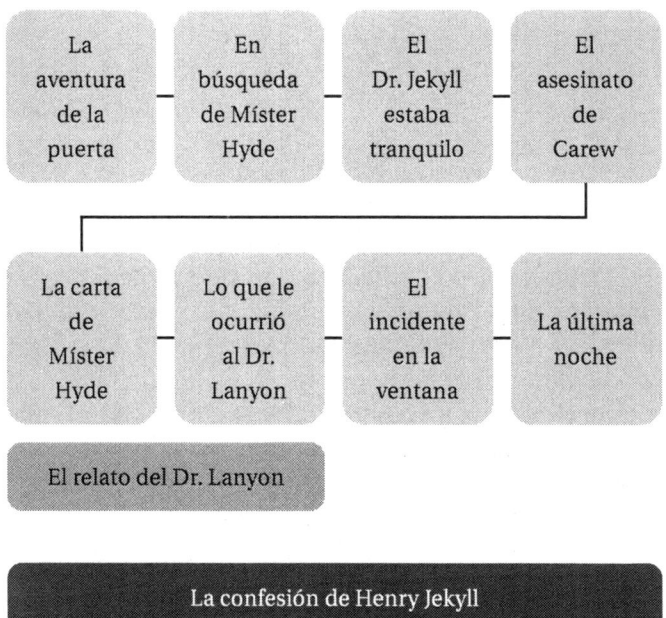

6. ESTRUCTURA

Ya hemos hablado lo suficiente de la estructura externa del libro (los diez capítulos con sus peculiaridades), y la información obtenida nos permite analizar la estructura interna, basada en el ritmo y la tensión narrativa. Al tratarse de una narración de misterio, estos aspectos tienen una gran importancia.

Si nos ponemos estrictos, en el inicio y el final de la novela sorprende que la primera frase (el título del capítulo) mencione una puerta, como si se nos invitara a entrar a ese mundo ficcional que es diferente del vivido. Además, la narración termina directamente con la palabra «fin»: «*I bring the life of that unhappy Henry Jekyll to an end*». Ya hemos visto que no es ni un verdadero principio ni un final, pero sí que lo es en cuanto a la experiencia lectora, que es donde Stevenson se centra.

Técnicamente la novela comienza *in medias res*, esto es, con la acción iniciada y un narrador que no precisa una introducción que ubique al lector. Efectivamente, la narración empieza con el paseo de dos individuos que ni siquiera son los protagonistas de la historia. Otra característica del inicio *in medias res* consiste en presentar el conflicto inmediatamente, y así lo hace el autor, aunque el conflicto esté encubierto. Con la historia de Enfield con Hyde como protagonista y su desaparición tras la puerta mencionada en el título, Utterson asocia a los dos personajes del título del libro e inicia sus pesquisas, aunque los lectores no lo sepan. El conflicto del libro, que podría resumirse en la lucha de Jekyll consigo mismo, aparece en este instante y no se resolverá hasta el último capítulo. De hecho, el libro también se cierra de modo abrupto. Tras la muerte de Jekyll/Hyde no hay nada. No existe lo que suele llamarse un momento anticlimático que tenga la función de retorno a una armonía previa, como en muchas otras narraciones.

Nos encontramos, pues, con un desarrollo inmediato. La acción toma velocidad con los misterios que se nos van revelando: lectura del testamento de Jekyll, encuentro de Utterson con Hyde y constatación de la historia. En el tercer capítulo la tensión narrativa decrece tras la tranquilidad con que Jekyll esquiva el asunto delante del abogado y, de hecho, el tiempo narrativo aquí se ralentiza, pues pasará más de un año hasta que sepamos cómo continúa la narración.

La tensión se precipita en el capítulo cuarto: el asesinato de Carew va a suponer en fin de la relación ideal entre Jekyll y Hyde. El segundo es identificado y va a estar buscado por la Policía, por lo que se pierde su verdadero valor, que es pasar desapercibido, no existir a ojos de nadie. Jekyll decide prescindir de él, pero ya es demasiado tarde. A partir de entonces los acontecimientos se van a precipitar. Utterson reinicia sus pesquisas olvidadas al comprobar que Hyde sigue teniendo relación con Jekyll y, lo que es más grave, Jekyll le intenta encubrir (capítulo 5). El misterio se agudiza tras la enfermedad y la muerte de Lanyon (capítulo 6), la desaparición de Jekyll y su extraña aparición en la ventana (capítulo 7). El desenlace vendrá en el octavo capítulo, con el suicidio de Hyde, y sin embargo ninguno de los misterios de la historia se habrá resuelto en ese momento. Tendremos que esperar a los momentos verdaderamente climáticos de la narración (capítulo 9 y sobre todo el último) para completar la información.

7. ESPACIO

El espacio es una parte esencial del género gótico, no solo porque contribuye a una estética nocturna y subjetiva, sino que crea una atmósfera que trasciende el argumento para complementarlo mediante el uso de lugares simbólicos que añaden y refuerzan el mensaje general de la narración. En el caso de *Jekyll y Hyde*, encontramos dos escenarios en los que sucede casi toda la historia: las calles de Londres y la casa del doctor.

LONDRES

Por ir de lo general a lo particular comenzaremos describiendo el Londres de finales del siglo xix, que es el periodo en el que transcurre la novela. La capital del Imperio británico era la más grande del mundo, un centro cosmopolita donde las clases adineradas disfrutaban de barrios limpios y luminosos mientras que zonas depauperadas vivían entre suciedad, enfermedades y criminalidad.

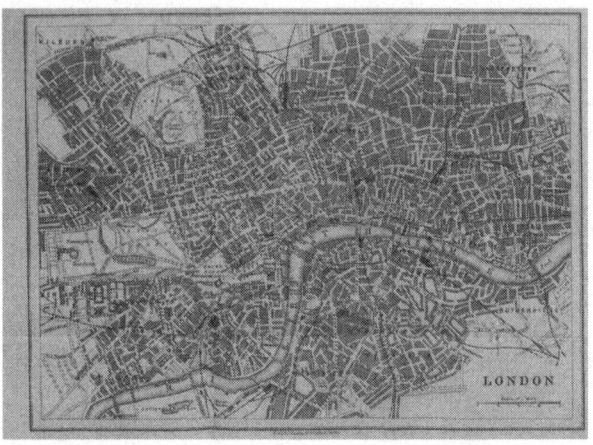

Mapa de Londres en 1882. *Cook's_Handbook*.

El contraste entre estos dos aspectos de Londres no solo sirve para generar una atmósfera de misterio, sino que también simboliza la dualidad en la naturaleza del Dr. Jekyll. La ciudad misma se convierte en una representación física del conflicto interno de Jekyll entre su identidad respetable y su oscuro *alter ego*, Hyde. Los espacios ordenados y luminosos representan la fachada pública y moralmente correcta de Jekyll, mientras que los barrios oscuros y peligrosos representan el caos y la inmoralidad de Hyde. Y, sin embargo, ambos mundos son permeables. El propio Enfield se describe a sí mismo paseando por las zonas depauperadas a altas horas de la madrugada y la figura del alto burgués que sacia sus vicios en las zonas populares (el East End en aquella época) se explicitó pocos años más tarde en los asesinatos de Jack el Destripador, supuestamente un aristócrata.

Stevenson no tiene interés en describir una ciudad realista. Apenas menciona alguna calle o barrio, como si aspirara a describir el espíritu de la ciudad mediante un uso alegórico y simbólico de la misma. Una característica es la permanente niebla que cubre las calles a lo largo de la narración, así como unas acciones que suceden en su gran mayoría durante la noche. Todo ello provoca la impresión de un laberinto alucinado (de hecho, aparece explícito en el sueño de Utterson) que refleja los meandros de la mente humana.

CASA DE JEKYLL

El segundo espacio de la novela, donde suceden los acontecimientos más importantes, es la casa de Jekyll. Su estructura y disposición reflejan los conflictos del personaje principal y sirven como una proyección en el espacio de los temas centrales de la obra. Al contrario de la descripción de Londres, que como hemos dicho es muy generalista, la casa está descrita con inusitado detalle. Se trata, además, de una casa extraña, con fachadas a dos calles y una sala de disecciones en el interior. Se argumenta esa composición cuando se explica que era la casa de un antiguo cirujano que Jekyll, más orientado a la química, había adaptado a su gusto.

> El médico había comprado la casa, efectivamente, a los herederos de un famoso cirujano, e, interesado por la química más que por la anatomía, había cambiado destino al rudo edificio del fondo del jardín (cap. V).

Todas las señales indican que efectivamente se basó en la casa de un médico real: su compatriota John Hunter (1728-1793), ilustre anatomista y cirujano. Su casa coincide sospechosamente con la descrita por Stevenson. Fue construida en 1783 y la fachada principal daba a la concurrida Leicester Square. A primera vista, podría parecer una residencia georgiana común, con su fachada simétrica de ladrillo, acorde al estilo de la época, pero en su interior había un gran secreto.

Las necesidades docentes e investigadoras de Hunter le hicieron comprar otra casa adyacente que daba a una calle secundaria (Castle Street). Allí construyó su zona de trabajo: el teatro donde daba sus lecciones, la sala de disecciones, la residencia de sus estudiantes; y también allí almacenó su colección de especímenes: humanos y animales disecados o en formol. Parte de la colección se conserva actualmente. La casa trasera tenía otra función importante: recibir la visita de los «resurreccionistas» o ladrones de cadáveres, pues la investigación médica y la falta de técnicas de conservación obligaba a un constante flujo de cuerpos frescos para enseñar anatomía humana. Esa división de un hogar con una cara donde se recibía a lo mejor de la sociedad inglesa por el día y otra donde entraban cadáveres robados por la noche era perfecta para acoger la figura de un Jekyll y un Hyde. Con esta imagen en la cabeza, desarrollaremos en detalle la composición y simbología de la casa y sus componentes principales.

La parte de la casa que antes encuentra el lector, ya en el primer capítulo, es la fachada trasera. La palabra (en inglés se dice *façade*, emparentada con *face*, cara, todas derivadas del latín *faciēs*, que en español deriva en «haz» y «faz») ya expresa de forma intuitiva esa asimilación entre la casa y la cara (o la máscara de una persona). En ese sentido, la casa de Jekyll tiene dos caras, como él mismo.

La siniestra mole de cierto edificio proyectaba su gablete sobre la calle. Tenía dos pisos de altura; no se veía ninguna ventana, solo una puerta en la planta baja y un frente ciego de muro descolorido en el piso superior; y en todos sus rasgos mostraba las señales de un prolongado y sórdido abandono. La puerta, desprovista de campanilla o aldaba, estaba excoriada y despintada (cap. I).

Aún no se sabe que es la casa de Jekyll (Utterson, sí, pero se guarda el secreto) y es además la que comunica con el laboratorio, por lo que la asociamos naturalmente con Hyde. La propia descripción de la fachada así lo muestra: sin ventanas, con una puerta vieja, desgastada y descuidada. Da además a una callejuela estrecha con un tipo de vida indeterminado pero aparentemente poco honorable. La casa, además de deteriorada, es misteriosa y siniestra. El lector se sorprende de que carezca de ventanas, lo que sugiere guardar un secreto en su interior, pues no se puede descubrir lo que hay por ningún medio; además, la puerta carece de aldabón o llamador, lo que indica que no es una puerta hecha para recibir a nadie. El misterio de la naturaleza extraña de esa casa se responderá poco a poco a lo largo de la novela. Primero veremos con sorpresa que se corresponde con la salida trasera de la casa de Jekyll, luego sabremos que es la parte donde está la sala de disecciones. Esta última revelación resolverá las dudas de la falta de ventana, así como la propia puerta. Al acoger un teatro de dos plantas, no puede tener ventanas laterales, pues el espacio está ocupado por asientos y la luz llega desde una ancha claraboya del techo, lo que favorece además iluminar desde arriba el cadáver que se está diseccionando.

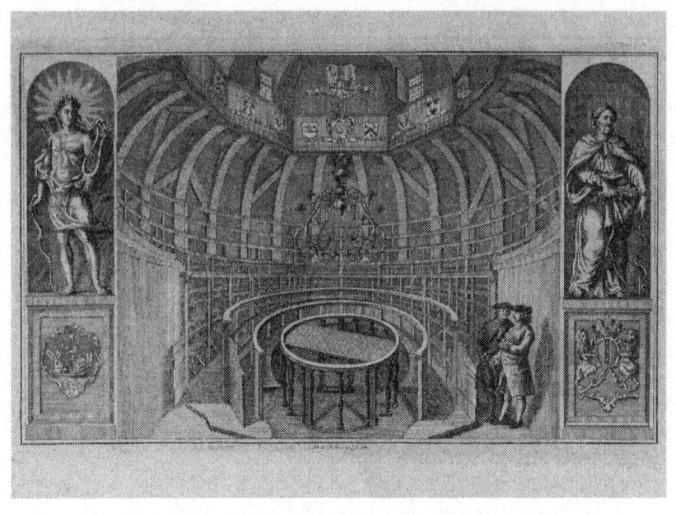

Interior de un teatro anatómico, 1780, Rijksmuseum.

Más adelante aún encontraremos más detalles de aquel lugar. Dentro del teatro se encuentra el gabinete: una habitación en el segundo nivel, con tres ventanas abiertas a un patio interior. Antiguamente se utilizaba para conservar los instrumentos médicos, pero Jekyll lo utiliza como laboratorio donde tendrán lugar todos sus experimentos de disociación del individuo. Ese laboratorio será descrito al final de la historia, pues allí se encerrará Hyde y acabará con su vida, pero también lo veremos desde fuera en el capítulo de la ventana. El simbolismo de esa habitación, que está dentro de otra (el teatro) que a su vez está dentro de la casa, le hará representar el núcleo más simple de las intenciones de Jekyll, que se verá cada vez más encerrado sobre sí mismo. El lugar que en tiempos le servirá para realizar los hallazgos médicos más sorprendentes se convertirá en su última prisión.

Un último aspecto de la parte trasera de la casa lo descubriremos al final de la historia, pues el último de los misterios será cómo pudo escapar Jekyll de aquel lugar. La puerta que aparece descrita al principio de la novela desde fuera será la clave al final de esta, cuando se describe no desde fuera sino desde el interior. Del mismo modo que esa llave que tanto sorprende al principio producirá un gran misterio al final, cuando la encuentren rota y oxidada.

Aunque la parte trasera de la casa, asociada a Hyde, tiene un gran protagonismo en la novela, el lado orientado hacia la alta burguesía, elegante y luminoso, también tiene un alto interés simbólico. En primer lugar, la casa principal no da a una callejuela sino a una «plaza de casas elegantes y antiguas» y en ella había «una de estas casas, la segunda de la esquina», que «no estaba todavía dividida y mostraba todas las señales de confort y lujo» (cap. II). Además de la fachada principal, conviene poner la atención en el vestíbulo de la casa. La funcionalidad de esa habitación, entre pública y privada, es la de mantener a extraños lejos de la intimidad del hogar. Generalmente solía ser una habitación neutra y de paso. El vestíbulo de Jekyll es descrito sin embargo como «la estancia más agradable de Londres», «una amplia y confortable sala de techo bajo, pavimentada con baldosas, caldeada (al estilo de las casas de campo) mediante una chimenea y amueblada con costosos bargueños de roble».

Si la casa representa la personalidad de su dueño, la de Jekyll describe a una persona con dos caras, con muchos secretos en su interior y con una indudable necesidad de mostrarse agradable ante los demás, cercanos y lejanos. Como ya sabemos, coincide con la realidad del doctor no solo tras la división en Hyde, sino incluso antes.

8. SÍMBOLOS

Un símbolo literario es un elemento, ya sea un objeto, escenario, personaje, situación o acción, que representa algo que va más allá de su sentido literal dentro de una obra literaria. Los símbolos suelen tener significados más profundos y están destinados a evocar asociaciones o resonancias emocionales, intelectuales o culturales en el lector. Estos significados suelen estar relacionados con temas importantes de la obra y a menudo pueden ser interpretados de diversas maneras según el contexto y la perspectiva del lector. Los símbolos literarios son herramientas poderosas que los autores utilizan para añadir capas de significado a sus obras.

Dr. Jekyll y Mr. Hyde es una novela con numerosos símbolos. No vamos a repetir aquí los escenarios simbólicos del libro, como Londres y la casa de Jekyll, pues ya los hemos tratado lo suficiente, pero sí nos referiremos a los símbolos menores: objetos que cumplen una función argumental pero cuyo significado trasciende el de meros objetos del espacio. Da la sensación de que en la novela de Stevenson todo está conformado en parejas. Ya hemos visto cómo los personajes juegan sus particulares vínculos entre ellos, y algo parecido sucede con los símbolos del libro. Dichos objetos están organizados en parejas, una de ellas complementaria (la puerta trasera y su llave) y otra suplementaria (el bastón y la carta encontrados junto al cuerpo de Carew).

LA PUERTA Y LA LLAVE

La puerta es un objeto cargado de simbolismo en la literatura. Sirve como metáfora para diversos conceptos y estados emocionales. Su naturaleza física, como un umbral entre dos espacios, la convierte en un recurso literario versátil y profundo. Pero hay muchas puertas: no es lo mismo una puerta contemplada desde el exterior que desde el interior; una puerta abierta o una cerrada; una puerta pública o una privada. La puerta de Jekyll tiene ciertas particularidades que la hacen representar varias interpretaciones.

La primera percepción de la puerta vista desde fuera y cerrada con llave representa un objeto de misterio. Es una puerta que encierra el secreto de Mr. Hyde y también se convierte en objetivo de Utterson, que quiere dilucidar el origen de la persona que allí se ha escondido. Sin embargo, para Hyde la puerta simboliza la huida y el hogar. Tanto en el relato inicial de la niña como en la conversación que tiene lugar con Utterson, Hyde escapa a través de la puerta. Además de refugio y protección, esa misma puerta también representa para él la libertad para salir al Londres donde puede cometer las mayores fechorías. Es su vía de salida segura, pues nadie lo vigila ni lo asocia con la casa de Jekyll.

Sin embargo, es la posesión de la llave la que permite esas transiciones. Es un objeto con extraordinarias posibilidades simbólicas. Frente a la puerta, que puede ser negativa o positiva, la posesión de la llave simboliza poder y control. Cuando falta la llave, el refugio se hace inaccesible y el camino de libertad se convierte en cárcel. Así sucede cuando se transforma en Hyde durante un paseo por el parque. No dispone de la llave y tiene que recurrir a la estratagema de visitar a Lanyon para acceder a la pócima. Al final de la narración, el propio Jekyll la rompe para no poder escapar, y entonces la puerta se convierte en cárcel.

Este punto del relato nos lleva de nuevo a la perspectiva de Utterson. Para el abogado, la puerta es el enigma y la llave es la clave de este. Sin embargo, el descubrimiento de la llave rota y oxidada frustra todas las posibilidades de obtener una interpretación lógica al dilema. «Esto supera toda comprensión», dice. La clave ha desaparecido.

En el conjunto de la historia, la puerta y la llave simbolizan el paso de un estado a otro. Este cambio puede ser físico, como el tránsito entre dos lugares, o más abstracto, como la evolución de una etapa de la vida a otra. Es la que separa el lado consciente y público del inconsciente y privado: el ordenado y visible mundo del Dr. Jekyll y el caótico y oculto mundo de Mr. Hyde. La puerta sirve para ocultar las actividades oscuras de Hyde, manteniendo a la sociedad y a los amigos de Jekyll en la ignorancia. Simbólicamente, la puerta encapsula la separación entre la apariencia y la realidad, entre la fachada de respetabilidad y la verdad oculta de la naturaleza humana.

Además, la puerta actúa como una barrera psicológica. Jekyll, al cruzarla, no solo cambia físicamente, sino que se libera de las restricciones morales que lo atan como miembro de la sociedad. La puerta como símbolo de transición también se puede interpretar como nacimiento. El laboratorio es el lugar donde Hyde se genera y está protegido; es el seno materno del que quiere huir, y lo hace a través de la puerta.

EL BASTÓN Y LA CARTA

Hemos visto que el asesinato de Carew sirve como punto de no retorno en la relación existente entre Jekyll y Hyde. A partir del momento en el que el segundo es reconocido como asesino, esa libertad del anonimato desaparece, por lo que ya no es útil. Es el punto en el que Jekyll decide terminar de forma taxativa con sus experimentos. También es el momento en el que Utterson retoma el caso, pues es la propia policía la que conecta al abogado con el crimen. Esto es debido a que la víctima portaba una carta dirigida a él. Sin más información, la policía lo llama para reconocer el cadáver. Así lo hace y descubre que el arma del delito, un bastón roto a base de golpes, es uno que él mismo había regalado a Jekyll. Es ilustrativo que no comunique esa información a la policía, aunque sí la dirija a la casa de Hyde en Soho.

Nos parece que estos dos objetos, presentes en el asesinato y vinculados a Utterson, quieren decirnos más que su evidente papel como conector argumental. Analizados y en conjunto vemos en estos dos objetos un carácter antagónico que puede servir para ampliar el tema más profundo de la novela: la dualidad humana.

En su momento desarrollaremos más este elemento temático y veremos que no es tan básico como la lucha entre el bien y el mal. En este caso en concreto, esta dualidad de los dos objetos podría expresarse en términos de civilización y barbarie.

La carta representa la escritura, que en términos generales es uno de los grandes pilares de la civilización. De hecho, el periodo «histórico» se marca con el inicio de la escritura, pues con ello la comunicación dejó de ser efímera y verbal para convertirse en un registro duradero y accesible. Desde las primeras tablillas de arcilla en Mesopotamia hasta los pergaminos y el papel, la escritura ha permitido a las sociedades no solo registrar leyes, comercio y hechos históricos, sino también transmitir conocimientos y tradiciones de generación en generación. La información rompe la barrera del espacio y del tiempo. Este avance técnico posibilitó la acumulación de saberes y el desarrollo de la ciencia, la filosofía y la literatura, consolidando la escritura como un símbolo indiscutible del progreso humano.

En contraposición, el bastón en su forma más esencial es un instrumento de apoyo y, dependiendo del contexto, es un símbolo de autoridad y poder, lo que se asociaría a la civilización junto con la carta. Sin embargo, en las manos de Hyde se transforma en un arma de violencia desmesurada, además de primitiva y básica. El bastón puede considerarse, junto con las piedras, las armas más básicas ideadas por el ser humano. Tan primitiva que pertenece a un estadio pretecnológico, pues su origen se encuentra en las ramas de los árboles, que están presentes en la naturaleza y apenas exigen manipulación humana.

ASPECTOS TEMÁTICOS

1. DUALIDAD

Generalmente se considera que el tema principal de *Jekyll y Hyde* es la dualidad. Este concepto se entiende como la coexistencia de dos aspectos o principios opuestos o complementarios dentro de un mismo fenómeno o entidad. En este caso, está referido a la figura del protagonista. Tanto el argumento como el conflicto principal se basan en la doble realidad de los dos personajes que son uno solo, o bien en un personaje que se bifurca en dos apariencias. Este tema atraviesa toda la novela: la casa de Jekyll, la ciudad de Londres y las relaciones entre los personajes están organizadas de manera dual, repartiendo sus características en dos grupos que se complementan y se repelen a la vez.

Muchas veces, ese dualismo se simplifica en la idea maniquea del bien y el mal. Es de hecho el modo en que la cultura popular ha construido su imagen de Jekyll y Hyde desde los orígenes. Hyde siempre se ha asociado a la perversión y al mal, mientras que Jekyll a la virtud y la bondad. Esta tendencia a simplificar responde a la necesidad de hacer la narrativa más accesible al público general y al formato visual, aunque sacrifica la profundidad psicológica y filosófica de la obra original.

La reducción de la dualidad de Jekyll y Hyde a una mera lucha entre el bien y el mal tiene varias implicaciones. Por un lado, facilita la identificación del público con los personajes y la trama. El espectador entiende claramente quién es el héroe y quién el villano. Por otro lado, esta simplificación empobrece el mensaje original de Stevenson sobre la complejidad de la naturaleza humana y la crítica a la moralidad victoriana. La versión popular diluye la reflexión sobre el conflicto entre naturaleza y cultura, la hipocresía social o la represión de los deseos humanos, temas centrales en la novela, como vamos a ver.

Como en los grandes textos, la novela no describe una realidad en blanco y negro. Es gracias a esa gama de grises en la que se mueve como mantiene su interés más de un siglo después de ser escrita. En ocasiones, la obra se adelanta a concepciones que tardarán en aparecer en el campo de las teorías psicológicas y sociológicas.

La primera interpretación de Hyde como primitivismo y maldad refleja un sentir de la época, influenciado por las revolucionarias ideas de la evolución que investigó Charles Darwin (1809-1882) unas décadas antes. Las teorías evolutivas de Darwin, expuestas principalmente en *El origen de las especies* (1859), postulan que todas las especies de seres vivos han evolucionado a lo largo del tiempo a partir de ancestros comunes mediante un proceso conocido como selección natural. Aplicadas al hombre, estas teorías sugieren que los humanos comparten un ancestro común con otros primates y que nuestras características actuales son el resultado de millones de años de evolución. En *El origen del hombre* (1871), Darwin argumenta que los humanos no son una excepción a las leyes de la evolución. Plantea que características físicas como la bipedestación, la capacidad craneal y el desarrollo del lenguaje, así como aspectos sociales y morales, han evolucionado a través de la selección natural.

Estas ideas causaron una fuerte reacción en la sociedad victoriana, ya que parecían contradecir la creencia en la creación divina del mundo. La mayor controversia surgió al aplicar la evolución al ser humano, lo cual se interpretó como una degradación biológica. El hombre no podía considerarse como un animal más, sujeto a las mismas leyes que el resto. El debate seguía abierto cuando apareció *Jekyll y Hyde* y es significativo que Hyde siempre se haya interpretado como un ser primitivo y simiesco, una especie de eslabón perdido entre los animales y el ser humano. En contraposición, Jekyll representaría la verdadera naturaleza humana, evolucionada y perfeccionada. La dualidad se vería entonces como la civilización contra la barbarie o la cultura contra la naturaleza, con una segunda derivada al considerarlo una manifestación de los excesos de la civilización frente a la espontánea naturalidad, impulsada por las interpretaciones posteriores de Sigmund Freud (1856-1939).

Freud desarrolló la idea del inconsciente, una parte de la mente que alberga deseos, recuerdos y emociones reprimidos que influyen en el comportamiento sin que la persona sea consciente de ello. Propuso el modelo estructural de la psique compuesto por el *id*, el *ego* y el *superego*. El *id* representa los impulsos primitivos y deseos instintivos, el *ego* actúa como mediador racional que equilibra los deseos del *id* con las realidades del mundo exterior, y el *superego* incorpora las normas morales y éticas interiorizadas. Cuando estos niveles no funcionan en armonía, aparecen mecanismos de defensa como la represión, la negación y la proyección.

La crítica académica ha señalado a las figuras de Jekyll y Hyde como antecedentes literarios de la teoría freudiana. Hyde podría representar el *id* de Jekyll, incluso su propio nombre («escondido») sugiere esto. En este sentido, Hyde no sería un ser independiente sino la manifestación de las represiones de Jekyll. El doctor Henry Jekyll representa a un respetado caballero victoriano que encarna las virtudes y el decoro social de la época. Según Freud, Jekyll sería el *superego*, vinculado a la socialización del ser humano, que impone una serie de actitudes para facilitar la convivencia pero con un riesgo: cuando esta necesidad de aparentar es demasiado poderosa, reprime la naturalidad y de ese conflicto emergen sus deseos y comportamientos más oscuros y reprimidos, que simbolizaría Hyde.

Bajo este prisma Jekyll sería un ejemplo de hipocresía: ya antes de la aparición de Hyde reconoce que públicamente se muestra como una persona moral y controlada, mientras que internamente alberga impulsos que no se atreve a expresar debido a las rígidas normas sociales, lo que le obliga a llevar una doble vida. Hyde, en contraste, representaría la naturalidad y la liberación de esos impulsos sin restricciones. La transformación en Hyde permite a Jekyll experimentar una vida libre de las restricciones morales y sociales, pero también revela el peligro inherente a desatar completamente el lado oscuro de la naturaleza humana, como queda claro en las últimas páginas de la novela.

Este aspecto de la novela critica la sociedad victoriana, donde las apariencias y el cumplimiento de expectativas sociales a menudo esconden las verdaderas intenciones y deseos de las personas. La hipocresía de Jekyll es su intento de mantener su respetabilidad mientras cede a sus impulsos más básicos, encarnados en Hyde. Stevenson sugiere que la represión de la verdadera naturaleza humana puede llevar a consecuencias destructivas, poniendo de relieve el conflicto entre la apariencia y la realidad, entre lo que la sociedad exige y lo que el individuo realmente es. Esta dualidad se manifiesta en la lucha interna de Jekyll, quien no puede reconciliar su identidad pública con sus deseos privados.

Para constatar esta idea de un Jekyll no tan excepcional sino más bien tendente a la doble vida, podemos adentrarnos en la descripción que él hace de sí mismo al inicio de la última carta:

> Nací en el año 18... en una familia de gran fortuna, dotado además de talento, diligente por naturaleza, respetuoso con aquellos semejantes míos que consideraba prudentes y buenos, y por consiguiente, como podría suponerse, con toda clase de garantías en cuanto a un futuro honorable y distinguido. Y de hecho, el peor de mis defectos era una cierta e impaciente predisposición al regocijo que ha hecho felices a muchos, pero que yo encontré difícil de conciliar con mi imperioso deseo de llevar bien alta la cabeza y mostrar ante el público un semblante más serio de lo que es normal. De ahí que ocultase mis placeres y que cuando alcancé la edad de la reflexión y comencé a mirar a mi alrededor y a hacer inventario de mis progresos y de mi posición social, mi vida estuviese ya sometida a una profunda duplicidad. Muchos hombres incluso habrían alardeado de las irregularidades de las que yo era culpable; pero dados los importantes objetivos que me había trazado, yo las respetaba y las ocultaba con una sensación de vergüenza casi enfermiza (cap. X).

Descubrimos que el doctor tiene una gran tendencia a mostrarse frente a los demás como un dechado de virtudes y que los vicios ocultos le humillaban tanto que decidió ocultarlos hasta el punto de llevar una doble vida. Esto ocurre incluso antes de la aparición de Hyde. El argumento posterior es la irrupción de Hyde para expulsar esa parte que no deseaba, pero el resultado fue una liberación de sus represiones sociales. Hyde no es Jekyll físicamente, por lo que no hay necesidad de aparentar nada. Hyde está libre de *superego*:

> Había algo extraño en mis sensaciones, algo nuevo e inefable y, por su misma novedad, de increíble dulzura. Me sentía más joven, más ligero de cuerpo, más alegre; notaba dentro de mí una impetuosa osadía, una oleada de turbulentas imágenes sensuales se sucedían vertiginosas en mi imaginación como el agua en el caz de un molino, una disolución de las ataduras del deber, una desconocida aunque no inocente libertad de espíritu (cap. X).

Lo más curioso en esta interpretación de Hyde como un Jekyll liberado de presiones sociales es que el fruto de la doblez pasa a convertirse en defensor de la espontaneidad y la vida libre de hipocresías. Según Hyde, uno debe dejar libres sus instintos, pero también ignorar el qué dirán. La mentira sería el vicio menos asociable y ante el que más reacciona debido a su implicación en la doble vida. En el encuentro entre Utterson y Hyde, vemos cómo descubrir la mentira en el abogado le hace perder los papeles:

> —Veamos –dijo el otro–, ¿cómo me ha reconocido?
> —Por la descripción –fue su respuesta.
> —¿La descripción de quién?
> —Tenemos amigos comunes –dijo el señor Utterson.
> —¡Amigos comunes! –repitió Mr. Hyde, con la voz un tanto ronca.
> —Jekyll, por ejemplo –dijo el abogado.
> —Él nunca le habló de mí –gritó Mr. Hyde, en un arrebato de ira–. No pensé que usted fuera a mentirme.

—Vamos –dijo el señor Utterson–, no está bien que hable así.

El otro emitió un sonoro gruñido que en seguida se convirtió en una feroz risotada; y un instante después, con extraordinaria rapidez, había abierto la puerta y desapareció en el interior de la casa (cap. II).

El lector inicial no es capaz de interpretar este diálogo en toda su profundidad, pues desconoce (como el propio Utterson) que está hablando con el propio Jekyll disfrazado de Hyde, por lo que sabe que nunca le dijo nada a Utterson: «Él nunca le habló de mí» y acto seguido desaparece enfadado tras la puerta. Otro ejemplo en el que Hyde reacciona de forma brusca ante la hipocresía se puede encontrar en el diálogo con Mr. Carew, que termina con su muerte. Aunque desconocemos el diálogo exacto (pues es descrito desde fuera por la criada), en los gestos de Hyde se pueden adivinar incomodidad y nerviosismo ante las palabras del educado anciano, lo que ha llevado a la crítica a entender que en sus palabras había alguna proposición que contradecía su apariencia de hombre formal, serio y ejemplar.

2. LA VIDA ÉTICA

Este último aspecto de Jekyll como representante de la hipocresía victoriana nos lleva de la mano a otra cuestión temática que se desarrolla en el libro y viene a iluminar la relación entre Jekyll y Hyde. Tras el descubrimiento de que Hyde proviene de Jekyll, al lector le cabe la duda de si nos referimos a un personaje con dos identidades o dos personajes independientes. En otras palabras, ¿comparten Jekyll y Hyde memoria y por tanto conciencia de los actos cometidos por el otro? Esta cuestión tiene importantes implicaciones éticas, ya que define si Jekyll puede ser considerado responsable por los actos cometidos por Hyde.

En su carta a Utterson, y una vez descrita la transformación, el científico pasa a mostrar su experiencia con la pócima y no puede evitar jactarse de haber encontrado una solución satisfactoria a ese problema de la doble vida que llevaba:

> Antes los hombres alquilaban matones para llevar a cabo sus crímenes, mientras que sus propias personas y su reputación quedaban a cubierto. Yo fui el primero que hizo eso para satisfacer mis placeres. Era el primero que podía, de esta manera, aparecer públicamente revestido de una cordial respetabilidad, y un instante después, como un colegial, despojarme de aquellos préstamos y tirarme de cabeza al mar de la libertad. Y sin embargo, envuelto en un manto impenetrable, para mí la seguridad era completa. Imagínate... ¡ni siquiera existía! Me bastaba con poder escapar por la puerta del laboratorio, y disponer de un par de segundos para mezclar y tomarme el bebedizo que siempre tenía preparado; y, fuera lo que fuese lo que hubiera hecho, Hyde desaparecería como el vaho del aliento en un espejo; y en su lugar, tranquilamente en su casa, despabilando la lámpara de su despacho a medianoche, pudiéndose permitir reírse de cualquier sospecha, sería Henry Jekyll (cap. X).

Según sus propias palabras, Hyde es un disfraz de Jekyll, un «manto impenetrable» con el que podía hacer las fechorías más salvajes sin que nadie supiera quién es, pues Hyde «¡ni siquiera existía!». Si fueran dos entidades independientes, Jekyll no podría regocijarse con las acciones de su otro yo, ni disfrutar de ese «mar de la libertad» que le permite dar rienda suelta a sus deseos más escondidos sin miedo al «qué dirán». Esta idea encajaría perfectamente con la interpretación del epígrafe anterior, en el que defendíamos que Jekyll es un individuo que vive la dualidad en su sentido moral desde sus orígenes. El surgimiento de Hyde pudo estar motivado por la intención de desembarazarse de esa tensión suya que tanto le abochornaba, pero lo que resultó fue un modo de satisfacer sus instintos sin poner su buen nombre en juego.

La idea de Hyde como una capa de invisibilidad aparece en más de un momento en su narrativa, y engancha perfectamente con una historia mítica similar. Nos referimos al «Anillo de Giges», presentada por Platón en *La República*. Aunque separadas por siglos y contextos diferentes, comparten una profunda reflexión sobre la naturaleza humana y el sentido de lo moral. Ambas historias exploran la pregunta de qué haría una persona si pudiera actuar sin temor a ser descubierto, cuestionando así la auténtica esencia de la virtud y la justicia.

En *La República*, Platón cuenta la historia del anillo de Giges a través de Glaucón, quien argumenta que las personas son justas no por convicción, sino por temor a las consecuencias de actuar injustamente. Giges, un pastor lidio, encuentra un anillo que le otorga el poder de la invisibilidad. Al descubrir esta habilidad, Giges utiliza el anillo para cometer actos inmorales: seduce a la reina, asesina al rey y usurpa el trono. Glaucón sostiene que, dada la oportunidad de actuar sin ser vistos, todos actuarían como Giges, buscando su propio beneficio sin preocuparse por la justicia o la moralidad.

Esta cuestión resuena poderosamente en la novela de Stevenson. La transformación de Jekyll en Hyde y sus subsiguientes actos salvajes ponen en tela de juicio la autenticidad de la virtud y el temor a la justicia. Según la narrativa de Stevenson, las acciones moralmente correctas no son necesariamente motivadas por un sentido moral, sino por el miedo al castigo físico (la ley) o al social (la vergüenza). Jekyll representa a un individuo cuya conducta virtuosa está motivada únicamente por la necesidad de mantener una apariencia respetable ante la sociedad. Cuando esta restricción desaparece, emerge la bestia de sus deseos más oscuros.

Para comprender plenamente la propuesta ética de Stevenson, es crucial explorar las diferencias entre vergüenza y culpa, ya que ambas emociones están interconectadas pero difieren en sus orígenes y efectos emocionales. La vergüenza se relaciona con la percepción de uno mismo en el contexto social; es una emoción que surge cuando sentimos que hemos fallado en cumplir las expectativas de la comunidad o de nosotros mismos ante ella, afectando a nuestra autopercepción. La culpa, por otro lado, se centra en la acción específica, que se percibe como errónea o inmoral, implicando una respuesta interna de conciencia sobre la violación de normas o principios éticos.

En el caso de Jekyll, la culpa está indisolublemente ligada a la vergüenza. Su comportamiento ético no es una manifestación de un sentido interno de moralidad, sino una respuesta a la presión social y el miedo al juicio externo. Esta dinámica genera una vida de duplicidad, donde la apariencia pública de virtud oculta un mundo privado de indulgencia inmoral. La novela sugiere que la verdadera prueba de la virtud humana no es cómo actuamos cuando estamos sujetos al escrutinio social, sino cómo nos comportamos cuando creemos que nuestras acciones no tendrán consecuencias visibles.

La historia de Jekyll y Hyde, junto con el mito del anillo de Giges, invita a reflexionar sobre la verdadera naturaleza de la moralidad humana. Nos desafía a considerar si nuestras acciones virtuosas son genuinamente motivadas por un sentido interno de justicia o eticidad o si son simplemente el resultado del temor al castigo y la vergüenza. En última instancia, la obra de Stevenson nos enfrenta a la inquietante posibilidad de qué pasaría con las acciones humanas sin la presión de las normas sociales.

3. AFÁN DE CONOCIMIENTO

Al hablar de los géneros literarios que engloba *Jekyll y Hyde* mencionamos la ciencia ficción y en concreto la relacionamos con el cliché del científico loco que ya venía gestándose desde *Fausto* y *Frankenstein*. Más que los estereotipos populares, nos interesan los elementos comunes que tienen todos ellos y tendrán muchos más en el siglo XX, cuando la ciencia ficción se desarrolle como género. Todos estos doctores tienen como objetivo el conocimiento y la dominación de la naturaleza. «Ciencia» es un sinónimo de conocimiento y un científico es el que descubre los secretos mecanismos de la realidad, pero los protagonistas de estas obras no son científicos convencionales, sino que aspiran a conocimiento y a la dominación de la naturaleza más allá de sus límites. Fausto aspiraba a la inmortalidad, Frankenstein a la creación de vida y Jekyll a la disección del espíritu humano. Sobra decir que los tres sufren el fracaso y el consecuente castigo de la naturaleza por haber intentado pervertirla.

En el caso de Jekyll, y coherente con la dualidad que impregna la novela, vemos cómo su orgullo científico aparece contradicho con un científico clásico, el antiguo amigo y enemigo en el momento de la acción, el doctor Lanyon. Desde un primer momento se anuncia que la metodología científica de Jekyll no se corresponde con los valores de un investigador auténtico. Así dice Lanyon cuando Utterson le pregunta:

> Pero hace ya más de diez años que Henry Jekyll empezó a complicarse demasiado para mi gusto. Se ha desquiciado mentalmente y aunque, como es natural, sigue interesándome por mor de los viejos tiempos, como suele decirse, lo cierto es que le veo y le he visto muy poco durante estos últimos meses. Todos esos disparates tan poco científicos... –añadió el doctor mientras su rostro adquiría el color de la grana– habrían podido enemistar a Daimon y Pitias (cap. II).

Interesa la descripción que hace de su antiguo compañero y de sus investigaciones, «disparates tan poco científicos». Ese desprecio probablemente hiriese a una persona orgullosa como Jekyll, que lo guardaría en su interior. De hecho, en la descripción que le hace de Lanyon, no se queda corto en su inquina a su antiguo amigo:

> Ese pedante chapado a la antigua de Lanyon ante lo que llamó mis herejías científicas. ¡Ah!, ya sé que es un buen tipo... no hace falta que frunzas el ceño... un tipo estupendo, siempre tengo el propósito de verlo más; pero a pesar de todo eso, un pedante chapado a la antigua; un ignorante y descarado pedante. Ningún hombre me ha decepcionado tanto como Lanyon (cap. III).

Vemos que cada uno mantiene una perspectiva diferente, más clásica y moderna, pero el debate que se crea entre ambos es el eterno del límite del conocimiento, que no viene a ser otro debate que entre la ética y el progreso científico. ¿Hasta dónde se debe permitir indagar a la ciencia? Es un debate que tiene hoy en día gran vigencia, pero que desde el punto de vista filosófico no ha cambiado sustancialmente en siglos, y las propuestas de Stevenson nos parecen perfectamente válidas.

De hecho, el escritor escocés, tras describir a ambos investigadores a través de su personaje antagónico, los une en un momento climático de la novela, cuando Hyde se transforma estando en un parque y, al ser una persona perseguida por la justicia, debe esconderse y no puede acceder al laboratorio donde podría regresar a su yo seguro. Le pide a Lanyon el favor en nombre de Jekyll. Va a su casa y prepara la poción. Con ella en la mano le hace una proposición que se parece mucho a la que Mefistófeles le hizo a Fausto. Su alma a cambio de conocimiento:

> —Y ahora –dijo–, acordemos lo que queda pendiente. ¿Será usted sensato? ¿Querrá dejarse aconsejar? ¿Me permitirá irme de su casa llevándome esta vasija en la mano sin decir una palabra más? ¿O es que el ansia de curiosidad lo domina a usted demasiado? Piénselo antes de responder, pues se hará lo que usted decida. Si así lo decide, se quedará usted como estaba antes, ni más rico ni más sabio, a menos que el sentimiento de haberle hecho un favor a un hombre en un gran apuro pueda contarse como una especie de riqueza espiritual. O si prefiere elegir, un nuevo campo del conocimiento y nuevos caminos hacia la fama y el poder se abrirán ante usted inmediatamente aquí en esta habitación; y sus ojos quedarán obnubilados por un prodigio capaz de hacer tambalear la incredulidad de Satanás (cap. IX).

Hyde le invita a trascender los límites del conocimiento, si bien es una propuesta falsa, pues en la balanza de la sabiduría todo está medido y cualquier avance tiene un precio. En este caso será su salud mental y en última instancia su vida. Sin ser consciente de los riesgos, la tentación es demasiado grande y accede:

> —Señor –le dije, fingiendo una sangre fría que verdaderamente estaba lejos de poseer–, usted habla de manera enigmática, y tal vez no le sorprenda que yo lo escuche sin creerme demasiado lo que dice. Pero he ido demasiado lejos en mi prestación de favores inexplicables para detenerme antes de ver en qué acaba todo.

El comentario de Hyde no se hace esperar y desvela un deseo reprimido desde hace tiempo. Hay un detalle en la frase que nos hace entender que quien está hablando realmente es Jekyll cuando dice «*what follows is under the seal of* our *profession*», (en el original inglés queda más claro que se refiere a «nuestra» profesión de doctores). Como Hyde no era doctor, suponemos que quien está hablando es en realidad Jekyll. Con esta perspectiva podemos entender mejor la intención del científico:

> —Está bien –replicó mi visitante–. Lanyon, recuerde que lo ha jurado: lo que sigue es un secreto profesional. Y ahora, usted que durante tanto tiempo ha estado constreñido por los puntos de vista más restringidos y materialistas, que ha negado la virtud de la medicina trascendental, que se ha mofado de sus superiores... ¡contemple!

Se puede apreciar que hay un tono de ajuste de cuentas, de venganza encubierta, en sus palabras: las diferentes visiones que ambos tenían de la ciencia se enfrentan aquí con aparente triunfo de Jekyll y las humillaciones recibidas al denominar sus investigaciones como «disparates tan poco científicos» se revuelven al mostrar el éxito de sus hallazgos. La venganza eclipsa a Hyde, que sale triunfal y con el orgullo por fin sanado.

Sabemos que el desenlace no podía terminar así. El subgénero del científico que pretende romper el orden natural siempre termina mal. Es además una temática narrativa muy antigua que ha ido desarrollándose de manera lenta pero sin pausa casi desde el origen de la literatura. El verdadero pecado de Jekyll era su orgullo, lo sabemos desde sus primeras palabras, ya vistas, donde se considera una persona de «familia de gran fortuna, dotado además de talento, diligente por naturaleza, respetuoso (…), y por consiguiente, como podría suponerse, con toda clase de garantías en cuanto a un futuro honorable y distinguido». Ese orgullo natural adquiere un volumen desmedido cuando se relaciona con el descubrimiento que tiene entre manos. Es lo que los griegos llamaron *hibris*, que se podría entender como la arrogancia excesiva o la desmesura de un individuo, que lleva a desafiar las normas divinas o morales establecidas. Este comportamiento suele atraer el castigo de los dioses, que en las grandes tragedias representan a la naturaleza. Jekyll, como un héroe trágico, es condenado por su arrogancia justamente donde más le duele, que es su sentido de superioridad respecto a Lanyon. Quien no había dudado en insultar a su antiguo compañero descubre, más adelante, que su gran descubrimiento está basado en el puro azar:

> Mi provisión de aquella sal, que no había sido renovada desde mi primer experimento, empezó a escasear. Envié a por un nuevo suministro, y mezclé la poción; se produjo la consiguiente ebullición y el primer cambio de color, aunque no el segundo; me la bebí, pero no surtió efecto. Sabrás por Poole cómo he registrado todo Londres; fue en vano; y ahora estoy persuadido

de que mi primer suministro era impuro, y que fue
esa impureza desconocida la que prestó eficacia a la
pócima (cap. X).

El fracaso de Jekyll es tan sobrecogedor como el éxito
que pretendía obtener. Si aspiraba a la creación de un ser
perfecto, idealizado y angelical, es precisamente una impureza lo que le hace obtener la preciada poción. Como
la impureza es fruto de la casualidad y desconocida para
él, no puede ufanarse por nada. Aun así, vemos que su
orgullo es tan grande que cuando descubre que no tiene
más salida que la muerte, insiste en escribir la narración
para Lanyon con un único objetivo: disociarse de Hyde,
hacer de él un chivo expiatorio donde recaigan todas
las maldades cometidas y proponerse él mismo como
una simple víctima de su malvada creación, sin culpa
en nada. Si algo puede salvarse, pensaría, al menos que
sea mi nombre. Como hemos visto, simplemente con la
lectura atenta de su texto el lector se desengaña de una
visión simplista entre el héroe y el villano; otra cosa va
a ser la opinión de Utterson, por supuesto.

4. ADICCIONES

El último de los grandes temas que aparecen en la novela es el de las adicciones. Se suma, pues, otro nivel
interpretativo a los vistos hasta ahora. Además de todo
lo señalado, la relación entre Jekyll y Hyde puede considerarse una reacción adictiva. Todo ello, vamos a verlo
ahora, no contradice ni niega las anteriores, sino que las
enriquece con otra capa de significado.

El contexto histórico en el que Stevenson escribió
su novela es crucial para entender la dimensión de la
adicción en la historia. Como hemos visto, la época

victoriana fue un período de intensos cambios sociales y tecnológicos con un creciente interés en los estudios médicos y psicológicos. La adicción, particularmente a sustancias como el opio y el alcohol, se convirtió en un tema de preocupación pública. Los discursos médicos y legales de la época trataban de categorizar y controlar estos comportamientos, a menudo provocando divisiones rígidas entre la normalidad y la anormalidad.

Jekyll es un científico respetable, pero su insaciable curiosidad lo lleva a experimentar con una droga que lo transforma en Hyde. Esta droga puede verse como una metáfora de la adicción, una adicción que le hace cambiar de personalidad, como cualquier droga, aunque no solo. Como adicto, Jekyll lucha por mantener el control sobre su vida, pero cada vez que consume la droga, Hyde emerge con más fuerza y descontrol. Hyde es violento, inmoral y despiadado, todo lo contrario de lo que Jekyll representa en su vida cotidiana. Esta transformación muestra cómo la adicción puede tomar el control de una persona, despojándola de su humanidad y racionalidad. En aquella época comenzaron a conocerse los efectos de las drogas, pero aún no se tenía conciencia de su verdadero peligro e incluso se recomendaban médicamente. La visión de Stevenson en su crítica a las mismas es llamativa, pero no solo se queda ahí, pues la adicción representada por Hyde no es tanto a una sustancia tóxica como a una conducta.

Hoy en día, se habla de dos grandes grupos de adicciones: las adicciones con sustancia y las conductuales. Las primeras incluyen el abuso de sustancias químicas que alteran el estado físico y mental de una persona. Este grupo abarca el consumo de drogas como la cocaína, la heroína y otras drogas sintéticas, así como el abuso de sustancias legales como el alcohol, el tabaco y ciertos medicamentos. Estas adicciones provocan dependencia física y psicológica, llevando a un deterioro significativo de la salud y de la calidad de vida del individuo.

Las adicciones conductuales, por otro lado, no involucran sustancias químicas, sino comportamientos compulsivos que resultan en gratificación a corto plazo, pero causan daño a largo plazo. Entre las adicciones conductuales más comunes se encuentran el juego patológico, la adicción a Internet y redes sociales, el trabajo excesivo, las compras compulsivas y los trastornos alimentarios. Al igual que las adicciones con sustancia, estas adicciones afectan negativamente la vida de las personas, interfiriendo en su capacidad para llevar una vida equilibrada y saludable, si bien no tienen consecuencias médicas, al menos provocadas directamente por el consumo.

Aunque Jekyll ingiera un líquido, por lo que podría considerarse que estamos hablando de una adicción con sustancia, en realidad su deseo no es el de consumir el líquido ni siquiera el de los efectos psicológicos que provoca, sino por lo que supone respecto a su apariencia externa: su transformación en Hyde. Podría decirse que tiene elementos asociados a la sustancia pero con efectos conductuales. Es interesante señalar la diferencia, pues muchas veces las adicciones conductuales, como no tienen efectos inmediatos, pueden pasar con facilidad desapercibidas.

La transformación de Jekyll en Hyde es una metáfora poderosa de la adicción. Jekyll desarrolla una dependencia de su «brebaje transformador» que le permite liberar sus impulsos reprimidos sin consecuencias inmediatas. Sin embargo, a medida que la adicción progresa, Jekyll pierde el control sobre las transformaciones y Hyde comienza a aparecer sin necesidad del brebaje. Este deterioro simboliza cómo la adicción puede apoderarse de una persona, reduciendo su capacidad de elección y aumentando su vulnerabilidad.

Stevenson describe la experiencia de Jekyll con detalles que reflejan la lucha de un adicto: el deseo irresistible, la euforia inicial seguida por la culpa, la vergüenza y el miedo a las consecuencias. Jekyll se convierte en un prisionero de su propia creación, incapaz de escapar del ciclo adictivo. La creciente frecuencia y severidad de sus transformaciones reflejan la progresión típica de una adicción, donde los episodios de uso se vuelven más frecuentes y destructivos con el tiempo.

La psicología y evolución de una adicción es un proceso complejo que involucra múltiples fases, desde el estímulo inicial de recompensa hasta la dependencia y la tolerancia. Este desarrollo puede ser entendido a través de varios conceptos clave en el campo de la psicología y la neurociencia. Como decimos, es muy interesante que estas fases, que han sido estudiadas mucho tiempo después, aparezcan descritas con gran exactitud en la relación de Jekyll con Hyde.

El inicio de una adicción a menudo comienza con la exposición a un estímulo que produce una sensación de placer o recompensa. Este estímulo puede ser una sustancia como una droga o el alcohol, o un comportamiento como el juego o las compras descontroladas. La sensación de bienestar se produce a través de la liberación de neurotransmisores en el cerebro, principalmente dopamina, en el circuito de recompensa. Esta liberación crea una sensación de euforia y bienestar que el individuo desea repetir. Las primeras experiencias de Jekyll al tomar la poción le producen ese placer que fue recompensado inmediatamente con una sensación de libertad y de ligereza inédita hasta ese momento.

En las primeras etapas, la persona siente que tiene el control sobre su comportamiento o consumo. Puede decidir cuándo y cuánto consumir o participar en la actividad. Esta etapa se caracteriza por un uso recreativo y ocasional, donde la adicción no ha arraigado completamente. La persona experimenta los efectos positivos sin percibir aún las consecuencias negativas. La sensación de control se fortalece cada vez que el comportamiento se repite sin aparente repercusión negativa, reforzando la conducta adictiva. En su narrativa, Jekyll comienza defendiendo los beneficios de la droga. Convertirse en Hyde le permitía, como hemos visto, satisfacer sus deseos menos honorables sin el miedo a perder su buena fama.

Con el tiempo, la repetición del comportamiento o el consumo de la sustancia lleva a una dependencia inconsciente. En esta fase, el cerebro se adapta a la presencia continua del estímulo y comienza a requerirlo para funcionar normalmente. Aunque la persona puede no ser plenamente consciente de su dependencia, empieza a mostrar signos de síndrome de abstinencia si no tiene acceso al estímulo. Los cambios neuroquímicos en el cerebro han comenzado a establecer una necesidad fisiológica y psicológica del estímulo, ocasionando un ciclo de deseo y satisfacción. En un momento dado, las acciones de Hyde empiezan a ser conocidas, como el encontronazo con la niña en el callejón, y el propio Utterson le pide al doctor que termine la relación con aquel hombre. Jekyll le interrumpe diciendo que tiene controlado a Hyde y que no va a ser ningún problema. Sin embargo, el problema llega cuando una mañana Jekyll madruga en el cuerpo de Hyde sin haber tomado la poción. De ser un entretenimiento o un placer seguro, la transformación pasa a ser algo peligroso para Jekyll. Fiel a su intención, decide acabar de una vez por todas con Hyde no porque se considere un adicto, sino por miedo a los efectos que produce. Está hasta dos meses sin tomar la droga, pero descubrirá que no es capaz de deshacerse de la casa de Soho ni de destruir las ropas de su otro yo.

A medida que la adicción progresa, la persona se vuelve consciente de su dependencia. En esta etapa, el individuo reconoce la necesidad de la droga para evitar el malestar, ansiedad o tristeza propios del síndrome de abstinencia. Los intentos de reducir o detener el comportamiento a menudo resultan en fracaso y la persona puede empezar a experimentar conflictos internos y externos debido a su adicción. La dependencia consciente está marcada por la lucha entre el deseo de control y la incapacidad de dejar el comportamiento o la sustancia, pese a las consecuencias negativas evidentes.

Jekyll afirma que la nostalgia de la otra vida le tentó y volvió a caer en preparar la poción. A partir de entonces, descubre que la fuerza de Hyde es bestial. La adicción está cada vez más crecida y termina asesinando a Carew.

Con la continua exposición a la droga, el individuo desarrolla tolerancia. La tolerancia se refiere a la necesidad de aumentar la cantidad del estímulo para lograr los mismos efectos iniciales de euforia o bienestar. Este aumento en el consumo o en la intensidad del comportamiento puede llevar a consecuencias físicas, psicológicas y sociales graves. La tolerancia también agrava la dependencia, ya que el individuo necesita más del estímulo para evitar el síndrome de abstinencia, intensificando el ciclo adictivo.

La escena de la ventana, sucedida hacia la mitad del relato, describe de forma muy gráfica la situación de Jekyll en este último estadio de la adicción. No puede salir de casa ni tener vida social. Está recluido en ese lugar que simboliza su cuerpo, del mismo modo que un adicto vive encarcelado en un cuerpo que ya no controla. La ansiedad por encontrar la cura y la limitación emocional solo pueden terminar con la muerte de aquel individuo que gozaba de libertad pero que ha quedado completamente atrapado en su yo adictivo que es Hyde. Cada vez que Jekyll se transforma en Hyde, se sumerge más en su adicción, perdiendo más de su humanidad y racionalidad.

Un aspecto final que nos parece importante señalar es que la narrativa de la novela busca contener y manejar el tema de la adicción, centrándose en los síntomas del adicto en lugar de sus causas subyacentes, que en el caso de Jekyll sería la necesidad de mostrarse incólume ante los demás. Esta estrategia refleja una tendencia social más amplia para desviar la atención de los problemas estructurales y centrarse en soluciones superficiales. Al tratar la adicción como un problema moral y personal, la sociedad victoriana podía evitar confrontar las cuestiones más profundas.

5. JEKYLL Y HYDE EN EL MUNDO ACTUAL

Un libro se considera clásico porque lo que muestra no está ceñido a una época concreta, sino que sus temas e interpretaciones tienen tal profundidad que van adaptándose a la época en la que se lee. En este sentido, las obras clásicas son eternamente contemporáneas, ya que nunca dejan de decir lo que quieren decir. *El extraño caso del Dr. Jekyll y Mr. Hyde* no es diferente. Aunque sus lecciones son hijas de su tiempo, se extienden más allá de su contexto original, ofreciendo reflexiones válidas para las generaciones futuras. Esta sabiduría eterna se relaciona con los temas que hemos explorado en secciones anteriores y que ahora queremos proyectar en el contexto del hombre contemporáneo, en un mundo donde la ciencia y la tecnología impactan profundamente en los individuos.

El dualismo explorado en la obra, originalmente percibido como el conflicto entre el hombre natural y el hombre cultural, o entre el ser espiritual y el ser corpóreo, ha evolucionado en el pensamiento moderno. La comunidad científica está de acuerdo en el origen evolutivo del cuerpo humano, idea iniciada por Darwin y desarrollada, completada y matizada a lo largo de las últimas décadas. Sin embargo, el origen de la naturaleza incorpórea y espiritual del ser humano sigue siendo tema de debate, pues no pertenece tanto al plano científico como filosófico. Este hipotético conflicto entre la parte física e incorpórea aparece bien descrito en la novela: Jekyll despreciaba su lado más carnal, un planteamiento que por otro lado se remonta a Platón. Esas ideas siguen vigentes en la actualidad: la parte física del ser humano se puede seguir viendo como una limitación debido a su naturaleza perecedera. En contraste, la memoria y la conciencia, componentes inmateriales e intelectuales del ser, se perciben como inmortales y valiosos, sufriendo solo por el deterioro del soporte físico en el que residen. La tentación de la eternidad humana es hoy más fuerte que nunca, pues ahora está sustentada en la ciencia y la tecnología a través del transhumanismo.

El transhumanismo es un movimiento intelectual y cultural que propone el uso de tecnología avanzada para mejorar y ampliar las capacidades humanas, con el objetivo de superar las limitaciones biológicas inherentes. Los transhumanistas creen en la posibilidad de mejorar los aspectos físicos y cognitivos de la humanidad mediante la biotecnología, la inteligencia artificial y la nanotecnología. El gran debate radica en la diferencia entre curación y mejora: entre que un ciego recupere la vista y que un sano adquiera ojos con visión nocturna, térmica o vista de águila. En realidad, las ideas transhumanistas aspiran a trascender la naturaleza física y corrupta del ser humano para ascender a un nivel superior sin limitaciones físicas, una aspiración que recuerda a la de Jekyll.

Este aspecto se relaciona íntimamente con otro tema central de *Dr. Jekyll y Mr. Hyde*: los límites del conocimiento. Hemos visto que en la novela de Stevenson se describe una línea de investigación que violenta la naturaleza y esta se rebela contra su perpetrador. Hoy en día, muchas investigaciones científicas generan sospechas éticas por razones similares. El debate sobre hasta dónde puede llegar el ser humano en su transformación de la naturaleza se consolidó tras los traumáticos acontecimientos de los años cuarenta del siglo xx, como la eugenesia o la bomba atómica. Pero el tiempo pasa, y actualmente, existen múltiples áreas científicas que suscitan polémica ética: modificación genética en animales y hombres, clonación, mejora genética en fetos, investigación en células madre embrionarias, biotecnología agrícola y experimentación animal, entre otras.

La figura de Hyde como un disfraz que permite a Jekyll realizar sus deseos más oscuros sin arriesgar su reputación o seguridad también ha adquirido gran relevancia actual debido a la implantación y extensión del mundo digital en casi todas las realidades humanas. El anonimato en Internet conlleva peligros significativos y diversas consecuencias. Al ocultarse tras identidades anónimas, las personas pueden participar en actividades ilícitas como el ciberacoso, el fraude y la difusión de información falsa sin temor a represalias, fomentando un ambiente de impunidad.

En este sentido, es característico el fenómeno de los *trolls* de internet: individuos que deliberadamente siembran discordia en la red mediante publicaciones incendiarias y ofensivas con la intención de provocar. Actúan de manera anónima o bajo seudónimos, aprovechando el encubrimiento de la red para evitar consecuencias por sus acciones. Los *trolls* buscan atención y disfrutan del caos que generan, permitiéndose desarrollar una identidad muy diferente a la que mostrarían sin el amparo del anonimato.

Otra consecuencia de la ampliación del mundo digitalizado actual es la aparición de numerosas adicciones cibernéticas, que, al igual que la representada en Hyde, no son tanto de sustancia como conductuales. Estas adicciones abarcan una variedad de comportamientos compulsivos que interfieren en la vida diaria de las personas. Una de las más comunes es la adicción a las redes sociales, lo que puede llevar a una reducción significativa del tiempo dedicado a actividades productivas y a interacciones cara a cara. Esta adicción puede provocar ansiedad, depresión y baja autoestima, especialmente cuando los individuos comparan sus vidas con las representaciones idealizadas de los demás en línea. La dependencia de los «me gusta» y de los comentarios de terceros provoca un ciclo de búsqueda constante de validación, afectando negativamente a la salud mental.

La combinación de impunidad y adicción se encuentra también en los videojuegos, especialmente aquellos con componentes sociales y multijugador. Estos juegos pueden volverse altamente adictivos debido a su diseño, que fomenta la recompensa constante y la interacción social virtual. Como en el caso de Hyde, allí todo está permitido sin consecuencias. Los jugadores pueden pasar horas inmersos en estos mundos digitales, descuidando responsabilidades académicas, laborales y personales. Este comportamiento no es muy diferente a lo que le sucede a Jekyll cuando se transforma en Hyde.

Otras adicciones han aumentado enormemente debido a la facilidad de acceso que permite la tecnología digital, llevando a comportamientos descontrolados con consecuencias negativas, como los juegos de azar en línea, la pornografía y la compra compulsiva por comercio electrónico.

Como se puede ver, a pesar de la distancia temporal que separa la publicación del libro de Stevenson de la actualidad, el mundo digital y el desarrollo tecnológico han abierto una serie de cuestiones sociales que, en gran medida, fueron anticipadas por el autor escocés. La intuición y profundidad con las que abordó un tema tan permanente como la identidad del ser humano hace que sus respuestas sigan siendo relevantes en el presente.

ANEXOS Y BIBLIOGRAFÍA

1. CRONOLOGÍA

Año	Vida de Stevenson	Acontecimientos históricos y literarios
1850	Nace el 13 de noviembre en Edimburgo	Gran Exposición de Londres
		Luis Napoleón asume el poder en Francia en un golpe de estado
1851		Herman Melville publica *Moby Dick*
1852	Alison Cunningham («Cummy») se convierte en su cuidadora	Harriet Beecher Stowe publica *La cabaña del tío Tom*
1853		Inicio de la guerra de Crimea
		Henry David Thoreau publica *Walden*
1855		Walt Whitman publica *Hojas de hierba*
1856	Recibe un teatro de juguetes como regalo de cumpleaños	Gustave Flaubert publica *Madame Bovary*

Año	Vida de Stevenson	Acontecimientos históricos y literarios
1857		Charles Baudelaire, *Las flores del mal*
1859		Se construye el Canal de Suez
		Charles Darwin publica *Sobre el origen de las especies*
		Stendhal publica *La cartuja de Parma*
1861		Charles Dickens publica *Grandes esperanzas*
		Guerra Civil Estadounidense
1862	Primer viaje a fuera del Reino Unido: Alemania con su familia	Victor Hugo publica *Los miserables*
1863	Segundo viaje: Francia e Italia	Édouard Manet exhibe *El almuerzo sobre la hierba*
1865		Lewis Carroll publica *Las aventuras de Alicia en el país de las maravillas*
1866		Dostoievski publica *Crimen y castigo*
1867	Empieza Ingeniería en la Universidad de Edimburgo	Alfred Nobel inventa la dinamita
		Paul Verlaine publica *Poemas saturnianos*
		Karl Marx publica *El capital*

Año	Vida de Stevenson	Acontecimientos históricos y literarios
1868		Louisa May Alcott publica *Mujercitas*
1869		León Tolstói publica *Guerra y paz*
		Dmitri Mendeléyev elabora la tabla periódica
1870		Unificación de Alemania e Italia
1871		George Eliot publica *Middlemarch*
		Charles Darwin publica *El origen del hombre*
1871	Deja la Ingeniería y comienza Derecho	Segunda Revolución Industrial
1873	Primeras publicaciones	
1875	Obtiene el título de abogado	Lev Tolstoi publica *Ana Karenina*
1876	Conoce a Fanny Osbourne en Grez-sur-Loing, cerca de París	Mark Twain publica *Las aventuras de Tom Sawyer*
1878	Fanny regresa con su marido, Sam Osbourne, en California	
1879	Viaja a EEUU para reunirse con Fanny	
1880	Se casa con Fanny Osbourne en San Francisco. Vuelven a Europa	

Año	Vida de Stevenson	Acontecimientos históricos y literarios
1881	La revista *Young Folks* comienza la publicación en serie de *La isla del tesoro*	
1883	*Flecha negra*, comienza a ser serializado en *Young Folks*	
	Publicación de *La isla del tesoro* en forma de libro	Dostoievski publica *Los hermanos Karamazov*
1884	De 1884 a 1887 (los años de Bournemouth) sufre una salud terrible	
1885	Publica *Jardín de versos para niños*	
	Publica *El dinamitero* (con Fanny)	
	Publica *Olalla* en *Court and Society Review*	
1886	Publica *El extraño caso del Dr. Jekyll y Mr. Hyde*	
	Publica *Secuestrado*	
1887	Parte en agosto para Nueva York. Es tratado en el lago Sanarac	Arthur Conan Doyle publica *Un estudio en escarlata*
1888	Va a California. Desde allí toman un crucero para el Pacífico	Asesinatos de Jack el Destripador ocurren en Londres

Año	Vida de Stevenson	Acontecimientos históricos y literarios
1889	Llegan a Samoa y se establecen	La torre Eiffel se inaugura en París
		Vincent van Gogh pinta *La noche estrellada*
		El Moulin Rouge abre en París
1890	Compra la casa en Vailima, Apia. Viaje a Sídney, Australia	Henrik Ibsen publica *Hedda Gabler*
1891		El papa León XIII emite la encíclica *Rerum novarum*
		Oscar Wilde publica *El retrato de Dorian Gray*
1892	Se involucra cada vez más en la política samoana	
1894	Muere el 3 de diciembre de una hemorragia cerebral. Está enterrado en la cumbre del Monte Vaea en Upolu, Samoa	
1895		H. G. Wells publica *La máquina del tiempo*
1897		Bram Stoker publica *Drácula*
		Henry James publica *Otra vuelta de tuerca*
1900		Sigmund Freud publica *La interpretación de los sueños*

2. PRINCIPALES PUBLICACIONES

NOVELAS

La isla del tesoro (*Treasure Island*) (1883). Publicada al principio por entregas en la revista infantil *Young Folks*, entre 1881 y 1882, con el título de *The Sea Cook, or Treasure Island*.

El príncipe Otón (*Prince Otto*) (1885).

El extraño caso del Dr Jekyll y Mr Hyde (*Strange Case of Dr. Jekyll and Mr. Hyde*) (1886).

Secuestrado (*Kidnapped*) (1886). Primera parte.

La flecha negra (*The Black Arrow: A Tale of the Two Roses*) (1888).

El señor de Ballantrae (*The Master of Ballantrae*) (1888).

Aventuras de un cadáver (*The Wrong Box*) (1889), con su hijastro Lloyd Osbourne.

Los traficantes de naufragios (*The Wrecker*) (1892), con Lloyd Osbourne.

Catriona (1893). Segunda parte de la saga *Secuestrado*.

La resaca (*The Ebb-Tide*) (1894), con Lloyd Osbourne.

LIBROS DE CUENTOS

Nuevas noches árabes (*New Arabian Nights*) (1882).

El dinamitero (*More New Arabian Nights: The Dynamiter*) (1885), con su mujer Fanny Van de Grift Stevenson.

Los juerguistas y otros cuentos y fábulas (*The Merry Men and Other Tales and Fables*) (1887).

Cuentos de los Mares del Sur (*South Sea Tales*) (1893).

LIBROS DE VIAJES

Un viaje al continente (*An Inland Voyage*) (1878).
Viajes con una burra por los montes de Cévennes (*Travels-with a Donkey in the Cévennes*) (1879).
En los mares del Sur (*In the South Seas*) (1896).

POESÍA

Jardín de versos para niños (*A Child's Garden of Verses*) (1885).

3. BIBLIOGRAFÍA

BALFOUR, Graham. *La vida de Robert Louis Stevenson*, Madrid, Hiperión, 1994.
BLOOM, Harold (dir). *Robert Louis Stevenson*. Chelsea House, Filadelfia, 2005.
CAMPBELL, Ian. «Jekyll, Hyde, Frankenstein, and the Uncertain Self», *Cahiers victoriens et édouardiens* 40, 1994, pp. 51-62.
CHESTERTON, G. K. *Robert Louis Stevenson*, Valencia, Pre-Textos, 2001.
CLEMENS, Valdine. *The Return of the Repressed: Gothic Horror from The Castle of Otranto to Alien*, Nueva York, State University of New York Press, 1999.
COOK, Jessica. «The Stain of Breath Upon a Mirror. The Unitary Self in Strange Case of Dr. Jekyll and Mr. Hyde», *Criticism*, 62. 1, Invierno 2020, pp. 93-115.
STEVENSON, Robert Louis. *El extraño caso del Dr. Jekyll y Mr. Hyde*, traducción de Juan Carlos Silvi, Barcelona, Ediciones B, 2006.

SE TERMINÓ DE IMPRIMIR ESTA EDICIÓN DE
DUALIDAD Y SENTIDO ÉTICO EN
DR. JEKYLL Y MR. HYDE. *GUÍA DE LECTURA*
EL DÍA 31 DE OCTUBRE DE 2024, VÍSPERA DE
LA FESTIVIDAD DE TODOS LOS SANTOS.

LAUS DEO VIRGINIQUE MATRI